DOES IT WORK?

10 Principles for Delivering
True Business Value in Digital Marketing

如何营销才有效

高效能数字营销10大盈利法则

[美] 沙恩·艾奇逊（Shane Atchison）
杰森·伯比（Jason Burby）◎著　黄珏苹◎译

中国人民大学出版社
·北京·

图书在版编目（CIP）数据

如何营销才有效：高效能数字营销 10 大盈利法则 /（美）沙恩·艾奇逊（Shane Atchison），（美）杰森·伯比（Jason Burby）著；黄珏苹译. -- 北京：中国人民大学出版社，2018.8

ISBN 978-7-300-25402-9

Ⅰ. ①高… Ⅱ. ①沙… ②杰… ③黄… Ⅲ. ①市场营销学 Ⅳ. ① F713.50

中国版本图书馆 CIP 数据核字 (2018) 第 006318 号

如何营销才有效：高效能数字营销10大盈利法则

【美】沙恩·艾奇逊（Shane Atchison）
杰森·伯比（Jason Burby） 著

黄珏苹 译

Ruhe Yingxiao Cai Youxiao：Gaoxiaoneng Shuzi Yingxiao 10 Da Yingli Faze

出版发行	中国人民大学出版社		
社　　址	北京中关村大街 31 号	**邮政编码**	100080
电　　话	010-62511242（总编室）		010-62511770（质管部）
	010-82501766（邮购部）		010-62514148（门市部）
	010-62515195（发行公司）		010-62515275（盗版举报）
网　　址	http：//www.crup.com.cn		
	http：//www.ttrnet.com（人大教研网）		
经　　销	新华书店		
印　　刷	天津中印联印务有限公司		
规　　格	170mm×230mm　16 开本	**版　　次**	2018 年 8 月第 1 版
印　　张	14　插页 1	**印　　次**	2018 年 8 月第 1 次印刷
字　　数	185 000	**定　　价**	59.00 元

DOES IT WORK?
10 Principles for Delivering True
Business Value in Digital Marketing

本书赞誉

如何在不断变化的营销行业中实现成果、产生影响力,《如何营销才有效：高效能数字营销 10 大盈利法则》无疑是一本非常好的指南。这本书探讨了有关设定和追踪目标、执行以数据驱动的创意以及获得商业成果的法则。这些法则适用于很多营销计划，并将对你的经营方式产生变革性的影响。

卡洛琳·艾弗森（Carolyn Everson）
Facebook 全球营销解决方案部门副总裁

《如何营销才有效：高效能数字营销 10 大盈利法则》是一本可读性强、言简意赅、内容引人入胜的书。这本书的杰出之处在于它探讨的是当今的营销，而不只是如何更好地适应数字时代。它为战略发展和卓越执行提出了具有可行性的观点，这些观点适用于有不同经验的营销人员，这就使它成了一本理想的参考书，是你营销“武器库”中的重要资源。

基兰·汉农（Kieran Hannon）
贝尔金公司（Belkin International）首席营销官

营销人员不断面临做出各种有关如何、何时、何地与客户进行交互的决定。沙恩·艾奇逊和杰森·伯比分享的 10 条法则确实有助于营销人员把精力集中在那些能够推动业务发展的方面。

丹妮尔·蒂特（Danielle Tiedt）
YouTube 首席营销官

《如何营销才有效：高效能数字营销 10 大盈利法则》一书有助于优秀的营销人员找到数字营销的艺术与技术之间的巧妙平衡。

迈克尔·科蒂克（Michael Kotick）
雀巢普瑞纳北美公司（Nestlé Purina North America）品牌经理

在充斥着大量数据且其中很多是免费数据的世界中，主要基于信任而产生的创意和商业利润总是令人刮目相看。沙恩·艾奇逊和杰森·伯比在《如何营销才有效：高效能数字营销 10 大盈利法则》一书中提出了 10 条具有启发性的法则，这些法则将提升你应用大数据的能力。当你读完这本书时，你的企业可能也会实现成长。请你做好准备吧！

阿维纳什·卡希克（Avinash Kaushik）
谷歌和 Market Motive 公司的营销布道者
《精通 Web Analytics 2.0》（*Web Analytics 2.0*）一书的作者

多年来，我与无数营销人员合作过，他们试图衡量所有他们能够衡量的方面。《如何营销才有效：高效能数字营销 10 大盈利法则》一书让我们把焦点只对准那些真正重要的衡量标准。沙恩·艾奇逊和杰森·伯比通过转换关注点，为首席营销官、首席执行官以及所有利益相关者提供了评估所有营销决策的标准。

乔希·詹姆斯（Josh James）
Domo 公司创始人和首席执行官

如何充分利用数字化为你提供的机会，让客户与你的品牌发生联系？《如何营销才有效：高效能数字营销 10 大盈利法则》一书提供了设定目标、建立团队、驱动伟大创意以及最重要的了解组织实际商业价值等方面的法则。

乔安妮·布拉德福德（Joanne Bradford）
Pinterest 合作关系主管

推荐序

我第一次见到本书的作者沙恩·艾奇逊和杰森·伯比是在 2005 年，他们创建了一家名为 ZAAZ 的数字营销公司。当时，这家公司非常引人注目，因为它只受一条简单的信念驱动：只有当数据传递洞察时才有价值，只有当洞察激发出创意时才有价值，只有当创意产生了清晰、可衡量的商业结果时才有价值。

2006 年，英国 WPP 集团收购了 ZAAZ 公司。一年后，艾奇逊和伯比在《可行性网站分析》（*Actionable Web Analytics*）一书中阐述了他们的观点，并且赢得了广泛认可。我记得，这本书是获得 2007 年 WPP 集团阿提库斯奖（Atticus Awards）提名的同类图书中的大赢家。阿提库斯奖非常有影响力，每年评选一次，是专门为那些在市场营销传播领域中具有独创性思想的出版物所设置的奖项。

从那时起，艾奇逊和伯比一直没有理会那些认为他们的理论缺乏实用性的批评，而是继续将他们的想法付诸实践以接受最终的检验：首先在 ZAAZ 公司，后来在 WPP 集团旗下最大的数字广告公司 POSSIBLE。他们的想法产生了一定的效果，行业中的其他公司也开始纷纷效仿。

在 WPP 集团，我们一直长期且公开认为，数字媒体和数据投资管理是分配思维和投资的关键领域，这既是因为它们的内在重要性日益增强，也是因为它们的发展速度实在快得令人惊讶。

作为这种变革的倡导者和思想（通常来自最近获得的经验和教训）的布道者，艾奇逊和伯比采用了撸起袖子加油干的方式，使数字营销向前迈进了一大步。

正如他们以往出版的书一样，本书非常实用，是一份有效的路线图。这可能会让人觉得这本书太线性、太系统化，无法带给你灵感和鼓励。实际上，这是一部鼓励想象力要不断跳跃的作品。它并没有告诉你应当做什么，而是帮助你进行自由的、有创造性的思考，这样你会自己想出应当做什么。这永远都是最好的方法。而且，这本书永远不会允许你逃避这个关键问题：你的方法有效吗？

我希望 WPP 集团的很多客户都能够阅读这本书并应用书中提供的方法。如果他们这样做了，我们公司会更容易地帮助他们获得更大的成功。

苏铭天（Martin Sorrell）

WPP 集团前首席执行官

DOES IT WORK?
10 Principles for Delivering True
Business Value in Digital Marketing

前言

如何用广告挽救生命

2013 年，我们都喜欢上了一则名为《蠢蠢的死法》（*Dumb Ways to Die*）的公益广告。它是澳大利亚墨尔本为宣传铁路安全而制作的一段音乐短片，其中罗列了很多种愚蠢的死亡方式，包括吞食超强力胶水、邀请连环杀手来你家以及卖掉你的两个肾脏等。视频最后说，也许最愚蠢的死亡方式就是被火车撞。

视频像病毒一样扩散，点击量超过了 1 亿次，很多人称其为有史以来最成功的公益广告之一。《蠢蠢的死法》赢得了所有广告大奖，其中包括戛纳国际创意节（the Cannes Lions）大奖，这可是业内的最高荣誉。

但是，这则广告有效果吗？答案是“当然有效”。正如其制作公司所说，《蠢蠢的死法》不仅赢得了很多奖项，还在全球创造了 5000 万美元的广告价值。视频非常受欢迎，以至于铁路公司甚至通过将其授权给一家人寿保险公司而赚到了钱。好吧，但是它真的有效果吗？

让我们想一想。铁路公司想要达到什么目的？如果我们仔细看看这则视频的标题就会知道，它是想通过改变人们在火车周围的鲁莽行为来挽救生命。视频发布于 2012 年 11 月，最初被认为很成功，而且两个半月后，铁路公司称安全情况有所改变。一位官员说："最大的改善是车辆与行人在交叉路口的碰撞或者险些碰撞的次数。"她声称减少了 31%。

如果你想寻找衡量火车安全性和公众行为改变的数据，交叉路口的未遂事故次数是一个不错的标准。当行人或者司机故意无视安全门或者火车即将驶来的警告，试图在火车到达之前冲过铁轨时，就可能会发生事故。根据定义，它衡量的是鲁莽行为。由于侥幸躲过事故的人比被火车撞到的人多得多，因此这些统计数据中不会有很多干扰项，一段时间后你可以据此得出更确定的结论。

遗憾的是，这次广告活动并没有使未遂事故的数量持续减少。事实上，情况变得更糟糕了。2014 年，维州交通安全局（Transport Safety Victoria，TSV）向公众发出了一则警告，由于此类事故的发生率在广告发布之后增长了 66%，达到了四年以来的最高水平，所以从这个衡量标准看，这则广告显然是没有效果的。

墨尔本铁路公司并没有放弃，他们再次收集数据，提出这次广告活动产生了若干营销效果：第一，据说"危险行为"减少了 20%；第二，广告公司发布了一份案例研究报告，声称在广告活动期间，死亡和事故的发生率减少了 32%。以下简要说明报告所提出的主张站不住脚的理由。

1. **报喜不报忧。**收集铁路公司统计数据的维州交通安全局追踪了九类不同的事故。如果仔细审视这九类事故并观察不同的时间段，你总会发现一些能够表明成功的迹象。事实上，某类事故在 2013 年的确有所改善，而其他类事故则相反。如果把所有事故汇总在一起，结果显示，从 2012 年到 2013 年，整体情况几乎没有变化。对我们来说，这听起来并不算有效。
2. **数据不具有统计上的显著性。**我们让营销技术部门对数据进行了分析，尽管统计显著性不是一个简单的问题，但是他们的主张显然不符合标准。原因在于安全事故很少发生，而且数据经常受到干扰。在这九类事故中，有些事故平均每年只发生 11 起。虽然 20% 和 32% 的改善听起来令人印象深刻，但是这可能只意味着两三起事故的不同，而且这种波动很常见。

3. **视频并没有解决真正的问题。**在澳大利亚，火车造成死亡的最主要原因不是粗心或者鲁莽，而是自杀人数占全国死亡人数的 80%。另外，墨尔本的年轻人着迷于扒在飞驰的火车的外面，这被称为“火车冲浪”或者“外挂乘车”。这次广告活动既没有直接涉及这一话题，似乎也没有改善这种情况。
4. **这种说法忽略了其他因素。**每当你分析某次广告活动的有效性时，你必须考虑所有可能影响衡量标准的因素。你不能将所有改善都归功于一则广告。在广告活动开始之前，维州交通安全局已经采取了旨在改善安全的积极措施，例如在 2012 年年初，它成了铁路安全组织（TrackSAFE）的合作伙伴，该组织推广的是一项旨在减少自杀和铁路事故、培养公众安全意识的培训计划。另外，维州交通安全局从 2010 年开始就在安全方面投入了大笔资金，包括升级技术、增加列车员培训、完善铁路道口设施和增加防止人们进入危险区域的护栏等。所有这些举措都会产生影响。

毫不奇怪，很多专家对《蠢蠢的死法》这则广告持批评态度。一位曾在道口通信部门工作多年的前铁路列车员工把这些说法说成是“社交媒体的胡扯”。一位知名的社会心理学家谴责这则公益广告在推崇“愚蠢的神话”。维州交通政策研究所（Victoria Transit Policy Institute）于 2014 年进行的研究提出，关注危险的安全信息只会适得其反。研究指出，公共交通工具比私家车等其他交通工具安全得多，却背负着不应有的、被夸大的危险名声。强调这种危险的广告可能会鼓励人们使用更危险的交通工具（更不用说对环境的不负责任）。这类信息不仅不能挽救生命，反而有可能会增加使用其他交通工具而造成死亡的可能性。

现在让我们来看一个挽救了很多生命的广告活动。

DOES IT WORK?

> 创新和做事的美好之处在于它们是在试错。一旦你前进，你就可以从自己做得好和做得不好的事情中学到东西。你需要知道自己为什么失败，然后试着改正错误，并且在未来避免犯这些错误。
>
> 吉多·罗萨莱斯（Guido Rosales）
>
> 可口可乐公司欧洲集团整合营销部门负责人

维尼·琼斯来救你

2011 年，英国人看到了一则由灰色伦敦组织（Grey London）制作的搞笑公益广告，主演是前足球运动员维尼·琼斯（Vinnie Jones）。他扮成匪徒，满口脏话，却演示了如何徒手进行心肺复苏术来挽救心脏骤停患者的生命。这则广告的亮点在于，你需要按照比吉斯乐队（Bee Gees）的歌曲《活着》（*Staying Alive*）的节奏用力且快速（维尼把“用力且快速”这几个字文在了他的拳头上）地按压心脏。人们很容易记住这一点，因为它将信息和目的完美地结合在了一起。

它有效吗？这一次，答案是显而易见的。灰色伦敦及其客户英国心脏基金会（British Heart Foundation）以有说服力的官方报告为这则广告申请了 2014 年 IPA 广告效益大奖（IPA Effectiveness Awards）。报告首先指出，英国每年大约有 60 000 人在医院之外发生心脏骤停。在这种情况下，如果能够很快接受心肺复苏术，那么他们有很大的机会可以活下来。但是，英国只有 25% 的人有足够的信心能够实施心肺复苏术。因此，只有 7% 的心脏骤停患者能活着离开医院。

英国心脏基金会将英国的数据与其他地方的数据进行了比较，其中包括西雅图。在过去 30 年中，西雅图的每个孩子都会在体育课上学习心肺复苏术，因此，那里的心脏骤停患者的存活率达到了 50%。

接下来，他们进行了一项调查，了解为什么只有那么少的人愿意尝试心肺复苏术。结果显示，害怕和缺少常识是主要原因。在广告活动之前，74% 的人说缺乏信心，而 77% 的人说缺少相关知识。

维尼·琼斯一举解决了这两个问题。这则广告用不太可能出现的人物形象、易于接受的语调和幽默消除了观众的恐惧，教他们使用这种能够有效挽救生命的方法。观看这则广告的人数（500 万）远远少于观看《蠢蠢的死法》的人数，但在广告活动后的一年中，英国心脏基金会确认，有 30 位心脏骤停者直接受益于这则广告而成功地活了下来。更重要的是，有些指标也受到了影响。对实施心肺复苏术缺乏信心的英国居民比例降低至 65%，不知道如何实施心肺复苏术的居民比例降低至 70%。由于几乎没有其他教授心肺复苏术的项目，因此大部分功劳都可以归于这次广告活动。

换句话说，墨尔本铁路公司和英国心脏基金会都创造了非常精彩的内容。在维尼·琼斯的这个案例中，内容是有效的，而《蠢蠢的死法》的内容显然是无效的。这才是关键。

可操作的分析

很长时间以来，我们一直在思考营销中的可衡量目标问题。2007 年，我们出版了《可行性网站分析》一书。那时，人们刚开始注意到一个现在似乎人人都认为很重要的理念：网站和其他数字资产具有其他营销形式所不具备的特性。它们是可记忆的。

用户在数字资产上所做的一切通常会被默认记录并保存下来。早在 2007 年，人们就开始研究和分析这些信息，并由此判断他们做的事是好是坏。人们不相信“网页设计大师”（他们周围有很多这样的大师），而是想知道他们的客户在网站上做了什么。然后，他们可以利用这些信息改善业绩和结果。

我们认为，最大的问题是人们用来衡量成功的标准（如曝光次数、网页访问量和用于浏览网站的时间等）本身在很大程度上是毫无意义的，而且现在我们仍坚持这种看法。网页访问量只有在代表潜在客户或者可能与其他人分享你品牌的人的数量时才重要。分享只有在分享者有追随者时才重要。这些追随者只有在能够成为你的购买人群时才重要。因此，我们认为必须将网站战略纳入公司的整体规划，它必须对真正重要的指标产生影响，而不是影响一些毫无意义的统计数据。

新起点

在数字世界相对比较简单的时候，我们写了《可行性网站分析》一书。回顾那时，你的确掌握一些数字技术，却跟今天的技术没法比较。当时既没有社交网站，也没有大量的第三方推荐，移动设备也相对原始。从那之后，情况发生了明显的变化。最重要的变化包括：

- 数据和洞见的数量呈指数级增长；
- 用户的移动性变得非常强；
- 平板电脑和第二屏幕[①]变得很常见；
- 社交媒体被广泛讨论；
- 18 岁 ~34 岁人群在数字时代中逐渐成长起来；
- 透明度增加；
- 受众变得分散；
- 首席营销官对品牌发挥着更大的作用；
- “竖井”（silo）变成了一个实际问题；
- 大数据时代已经到来；
- 每天都会有颠覆性技术问世；
- 创新是营销人员的使命；
- 竞争日趋激烈；
- 位置数据是可得且重要的；
- 风险变得更高；
- 变化的速度正在加快；
- 似乎没有人知道如何应对这一切。

随着这些变化的发生，我们公司发展出一种哲学，我们称其为“它有效吗”。这种哲学不同于我们在上一本书中提及的清晰却狭窄的世界观，它是通过在数字化方面做出努力来获得商业成功的一种战略。

我们的方法

并不是我们自己提出了“它有效吗”这个理念的。事实上，这是一个涉及很多人和很长时间的过程。我们想要确保它不仅能够在我们所生活的地区发挥作用，而且还能够在全球范围内适用。为了实现这个目的，我们依赖于四种数据和信息来源。

① 第二屏幕指的是在看电视时能够与电视节目内容互动交流的电子设备，比如平板电脑或者智能手机等。——译者注

- **我们的团队**。POSSIBLE 公司有 1300 多名员工，在五大洲分别设有办事处。我们从每个数字领域中挑选出专家，帮助我们了解他们工作的细微差别。他们来自创意、数据、品牌、社交媒体、移动设备、技术和创新等多个领域，都是所在领域中的佼佼者。而且他们来自世界各地，带来了不同的视角。
- **独立的研究**。我们还委托福瑞斯特咨询公司（Forrester Consulting）代表我们进行了一项研究。他们采访了 30 位全球性化公司的首席营销官，了解他们认为哪些营销工作是有效的，哪些是无效的。
- **行业中的思想领袖**。我们采访了 50 多位思想领袖、首席营销官、首席执行官、创新者、数据分析师和风险投资家。他们中的有些人来自全球性公司，比如可口可乐公司、eBay、宝洁公司、微软公司和 SAP 公司，有些人来自前沿的科技公司，比如谷歌、比特流公司（BitTorrent）和 Urban Airship 公司。与他们的交谈有助于我们形成自己的观点和方法。在本书中，你会看到他们说过的一些话，而且每章结尾处都汇总了他们的观点。当然，他们的观点并不总是与我们的观点完全一致，有时他们不同意我们的看法，但我们认为不同的观点总是有价值的。
- **我们自己**。最后，或许也是贡献最少的是，我们已经在这个行业中摸爬滚打了 20 多年，曾经与很多备受尊重的客户有过合作，包括微软公司、宝洁公司、美国电话电报公司、索尼公司和福特公司等。另外，我们还因数字营销话题接受过财富网（Fortune.com）、彭博电视（Bloomberg TV）、*Contagious* 杂志和 *Communication Arts* 杂志等媒体的采访，也为各类媒体写过相关文章。

为什么是一个问题

我们知道，“它有效吗”作为一套商业思想体系听起来有点奇怪，但它是我们遵循的法则和行动依据，只不过我们用问题的形式表述了出来。或许你想知道我们为什么要用这样的方式，原因就是变化的速度太快。颠覆性技术每天都会出现。如果我们能知道五年后世界会是什么样子，那真是太棒了。但是老实说，我们甚至不知道五个月后世界会是什么样子，更不用说每个人眼中的世界都不同了。未来是无法预测的。

不相信我们说的话吗？每年，国际消费类电子产品展会（Consumer Electronics Show）都会把世界上最优秀、最聪明的一些技术人才聚集在一起，他们会一起挑选出他们认为的最令人激动、最有可能在未来获得成功的产品来展出。你也许会想，这些备受尊敬的人一定能够做出相当准确的预测，毕竟他们掌握了大量的信息。他们中的很多人都依靠告诉我们明年会应用什么技术来谋生。他们一定深谙此道。

并非如此。与游戏规则改变者相比，他们简直就是乌鸦嘴。例如从 2004 年到 2006 年，评审团对 iPod 的竞争对手——Zen Vision 系列产品有着深不可测的迷恋；2009 年，他们对现在已经销声匿迹的智能手机 Palm Pre 大加赞赏，称其改变了游戏性质；2011 年，他们痴迷于摩托罗拉 Xoom 平板电脑；2010 年，他们跳上了 3D 电视的潮流快车，但这一趋势至今仍然未成气候。如果世界上最了解技术的人都会一错再错，那么我们其他人预测对的概率又能有多大呢？

另外，我们还面临着变化这一问题。消费者会迁移，他们的口味会不断变化，他们的隐私观念会变化，他们使用社交媒体的方式会变化。你的一些客户可能会与其他人很不一样，而你需要知道如何与他们保持有效的联系。再也不能一刀切式地看问题了。因此，我们必须忘掉专家给出的那些高深莫测的见解。是时候开始提出问题了，也是时候承认我们不知道答案了。但是我们能够找到答案。

“它有效吗”的过程

接下来，我们将介绍“它有效吗？”这套理论所包含的 10 条法则。但本质上，你可以将其视为四个步骤。

1. **设定目标。**“它有效吗”的目标是你为你的企业以及你所做的每个项目或者广告活动所设定的一系列具体目标。为了实现这些目标，我们会运用“它有效吗”标准或者定义什么是成功的可靠标准。这些标准有助于我们根据目标了解进展，了解什么是有效的、什么是无效的，了解我们应当如何做出反应。

2. **激发杰出的创意**。创造性直觉对我们在数字领域所做的一切都非常重要。虽然这本书会更广泛地涉及数据（毕竟它对营销领域来说是新事物），但是数据必须为创意服务。如果《蠢蠢的死法》的目标是吸引成千上万的人来观看，那么它是很成功的。如果维尼·琼斯拍摄那则广告的目标是吸引很多人观看并教育观众，那么它的创意是非常棒的。它很好地利用了数据：找到了广告能够达到某些效果的区域。数据并没有妨碍创意，而是确保了创意不仅是卓越的，而且还是有效的。
3. **衡量结果**。衡量不是一个被动的过程。它是确定什么是有效的、做出调整并从结果中学习的一个过程。你不应当只是看看某些事是否有效，还应当知道效果如何以及这让你对客户有了什么了解。
4. **创造影响力**。比起简单地获得行业认可，我们的目标是确保我们服务的品牌和企业实现它们的目标。无论我们正在努力地挽救生命和提高收入，还是在全球范围内获得成功，“它有效吗”这套理论有助于我们了解自己是否做出了改变。

在福瑞斯特咨询公司的研究和我们的访谈中，我们发现了一些有趣的事情，其中之一是世界上某些地区的情况比我们认为的更接近我们的观点。中国的营销人员倾向于预先设定比较清晰的目标，并且将业绩、甚至薪酬与目标的完成情况联系起来。美国、欧洲和那些经济有压力的国家（如英国）的营销人员即使会这样做，也比较少见。显然，还有改进的空间。

核心法则

“它有效吗”这套理论由10条法则构成，这些法则也构成了本书的10个章节。你不应当将它们视为路线图，而应当将它们视为一种审视数据与数字化的关系以及推动你的组织更好地利用其面临的挑战和机会的方法。

法则1：商业目标就是一切

商业目标是“它有效吗”理论的核心。没有它，你既无法了解有效性、衡量进展，也学不到任何东西。简单地说，如果你不知道成功是什么样子，你就无法知道自己是否在向着成功前进。

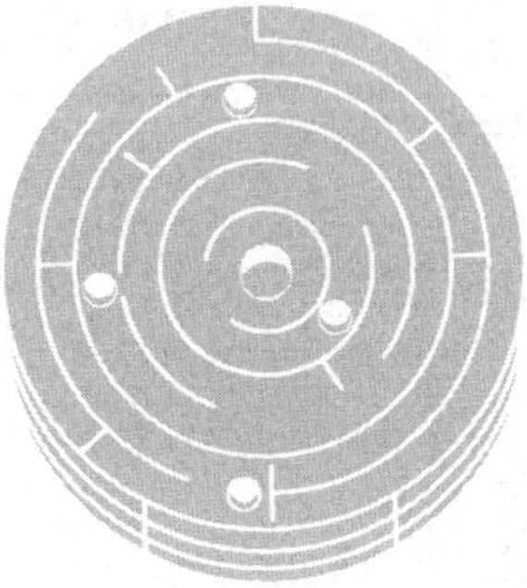

目标是最重要的一个概念，它是一家企业的愿景或者你希望某个行动获得的结果。它是你努力想要获得的东西。但它也需要衡量标准或者“它有效吗”标准。一系列的衡量目标反映了推动企业走向正确方向的诸多因素。通过比照目标衡量进展情况，你可以了解自己在哪些方面做得不错，哪些地方需要帮助以及应当做出什么改变。

法则 2：共同的愿景

如果你把目标放在抽屉里，那它对你没有任何好处。这就是企业中的每个人都必须知道目标并为其付出努力的原因。这样做需要确保每个团队、每项计划、每个广告活动都有自己的“它有效吗”标准，这些标准将逐渐累积成你的一个或者多个商业目标。

共同的愿景不仅对向着目标前进至关重要，而且还有助于消除“竖井”。全球的复杂性越来越要求组织中的不同部门之间要保持沟通并协调一致。通过确保我们有充分的一致性，我们可以就如何一起工作以实现目标达成共识。

法则 3：数据激发创意

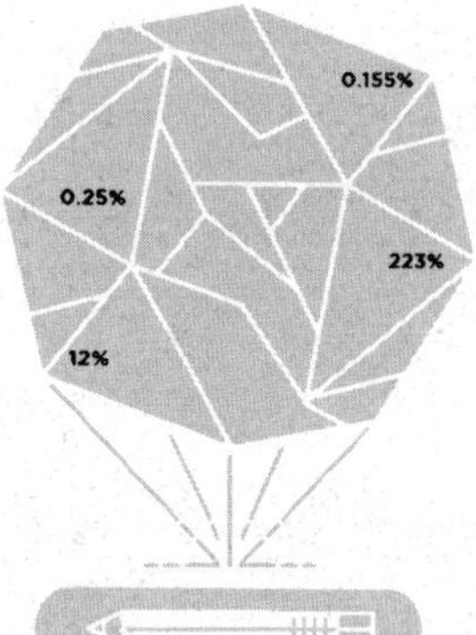

大多数时候，营销人员都会把数据视为成功（或者失败）的标准。在“它有效吗”理论的背景下，数据不应当被简单地用于评估业绩。它还应当被用来激发创意。

数据本身并不能提供解决方案，它只能提供比较清晰的机会愿景，使营销人员追求大胆的创意，防止这些创意受到那些所谓“专家”的权威观点的影响。为了达到这个目的，我们需要将我们已掌握的研究和数据提炼成简单而有力的创意，而这些创意能够激励那些有创造力的人。

法则 4：寻找独角兽

为了创造一种“它有效吗”文化，你需要一些特殊的员工，他们能够创造性地使用数据，让你的品牌获得真正的成果。我们的答案是寻找独角兽，也就是那

些为数字而生的人。我们会介绍其中一些人，了解他们的特点，这些特点使他们成了聪明、灵活、低调且具有团队精神的人。他们适应能力强，非常愿意把事情做好。我们还会看看他们想从工作中得到什么。他们不再只是想要有创造力，而是想有所作为。“它有效吗”的方法会将愿望导向具体的成就，比如为品牌创造收益或者让顾客的生活更轻松、更有意义。

法则 5：文化能够预测成败

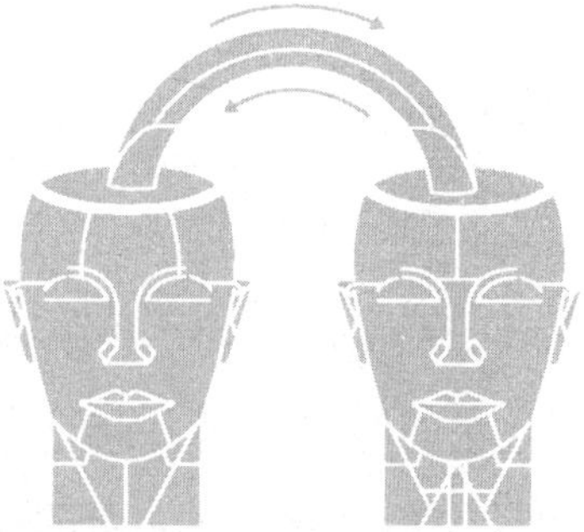

那么，如何能让独角兽们快乐地工作呢？答案是建立非常棒的数字文化。文化始于上层，并且会自然而然地向下产生影响。现代商业世界的文化提倡不以自我为中心，提倡扁平化的层级，鼓励各种想法，提倡培养冒险并接受失败的能力。除此之外，“它有效吗”理论还试着让每个人都能拥有成就感。我们的工作应当对我们的品牌、对更广阔的世界具有某种意义。

法则 6：衡量重要的事情

我们有很多现成的衡量标准，但是如果我们坚持使用它们，就永远不会知道什么是有效的。相反，我们必须衡量那些真正重要的事，而不是那些容易的事。这意味着我们要解决一些棘手的问题，比如搞明白数字化如何影响线下交易、短期广告活动如何影响长期品牌价值等。但是，这同样意味着我们要对衡量采取实事求是的态度。我们有很多可以衡量的东西，但是只有当我们依

据它们采取行动时才可以衡量它们。没有行动的衡量是在浪费时间。

法则 7：做值得做的事

借助“它有效吗”理论，我们不仅想知道什么是有效的、什么是无效的，我们还想知道哪种做法的效果比其他做法更好。假设每位营销人员可以做 10 件事，如果只让他选择做三件事，那么他会很难做出选择。

将他从困境中解救出来的方法是进行相对价值建模，或者为行动和行为分配价值。这些价值不一定是绝对的（通常它们不是绝对的），但它们仍然非常有用。原因在于，如今，我们并不总是能够清楚地认识到自己所做之事的价值和有效性。与使用 Instagram 相比，Twitter 上的一条帖子对你的品牌有何价值？模型能帮助你缩小两者之间的差距，了解不同行动的相对价值，并从中择优。

法则 8：不断迭代，不断改进

数字资产始终是完美的吗？答案是否定的。即使经验最丰富的用户体验专家也可能会犯大错。然而，大多数营销人员都会盲目地启动项目，然后听之任之，失去了大好机会。一个项目仅仅是对什么可能有效的假设，它不一定百分之百正确。这就是为什么我们应当始终为改进留有空间（和预算）的原因。

从技术上讲，这被称为“最优化”。这是一种可以用来检验你的数字资产哪些有效、哪些无效的有趣方式。如果你想知道“免费物品”和“现金返还”这两个标题哪个效果更好，那么就进行检验吧。当得出结论后，你就可以采取行动了，而且随着时间的推移，你能够不断提高你的理解力。

法则 9：为不同的人提供不同的体验

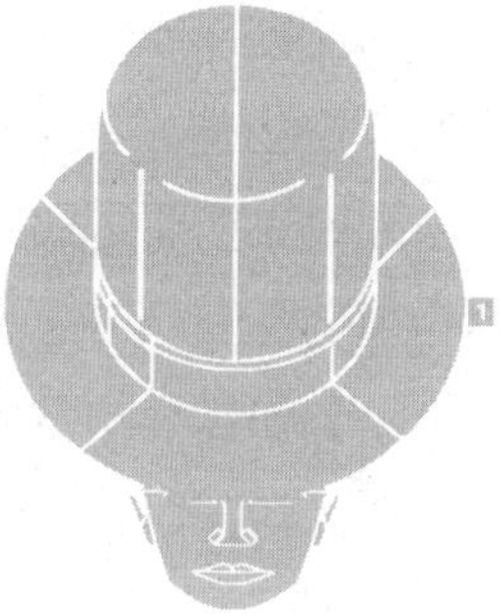

客户各不相同，他们都希望拥有独特的体验，尤其是在一个个性化的数字世界中。有些人觉得某些事情能够给他们带来动力，而有些人认为他们的动力来自其他事情。这条法则告诉我们要如何识别和定位有着不同体验的群体。最终的结果可能是销量的提升，但也可能只是为你的忠实客户提供了更好的体验。

法则 10：创新的框架

在目前的环境下，创新只是工作的一部分。你始终要了解新事物，做新的事情。从“它有效吗”的角度看，创新是一个基于目标、衡量和行动等坚实原则的持续过程。我们希望确保自己的创新过程能够带来更好的结果。

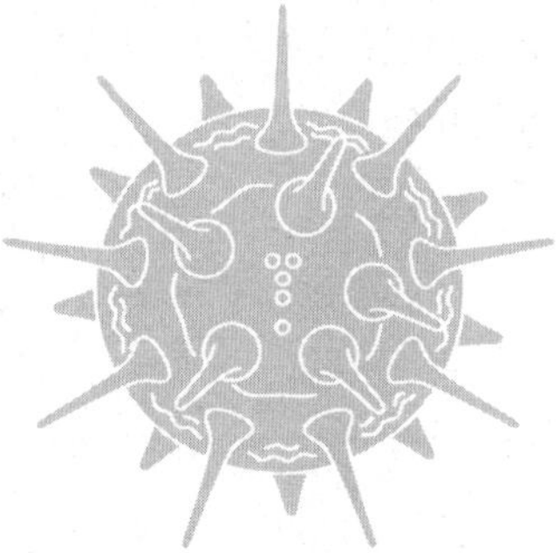

我们还需要了解在构建出新事物后会发生什么。制作一款应用软件如何？你正带着不同的期望进入一个新的竞技场。现在，你与你的客户建立了联系，这是一种真实的关系，如果你不维持这种关系，就会造成真实的后果。你必须开发出真正的产品管理流程，以确保你最重视的受众始终对你的品牌有新鲜感，并始终与你保持联系。

“它有效吗”理论的目标

本书的很多内容将聚焦于某些乍看起来与营销行业最重要的事情（即想法和创意本身）相去甚远的领域。这是一种错觉。

本书探讨的是一个依赖于绝妙的想法和创意的领域。数据和程序永远不能替代想象，它们既无法消除风险，也无法帮助你做功课，但它们有助于创造条件，允许不可思议的事情发生。

你应当从有创意的想法的角度来看一看“它有效吗”理论中的每一条法则。我们设定了商业目标，也就知道这些创意应当做什么。我们形成了共同的愿景，每个人也就能够达成共识，为制定有创意的解决方案做出贡献。我们需要独角兽，因为他们是那些不害怕把想法说出来、能够提出了不起的想法或者能够帮助他人的人。我们需要衡量重要的事，因为衡量本身可以是有创意的，能够为实现营销目标提供新方法。

同时，你希望创意是有效的。《蠢蠢的死法》很有创意，但它所获得的奖项应该来自戛纳电影节，而不是广告业。运用“它有效吗”理论，绝妙的创意才可能达成商业目标。

“它有效吗”理论看起来很容易被采纳，但其实不然。它要求你在对待数字营销和客户关系的方式上做出长期转变。它不仅会改变你看待数据和创意的方式，而且还会改变你为组织聘用员工、划分行动的优先顺序以及组织和激励员工的方式。它将改变你与代理公司以及商业客户的关系，甚至改变你与消费者的关系。这些改变不是一蹴而就的，我们需要下决心并致力于把事情做得更好。好消息是，现在就可以把这些观点付诸实践了。只要你开始问“它有效吗”这个问题，答案就可能会让你大吃一惊。

思想领袖的观点

在每章的结尾，我们会引用一些思想领袖和来自 POSSIBLE 公司的专家的话。我们尝试邀请来自世界各地不同行业的思想领袖和专家，这样我们就能呈现出不同的观点，其中有些观点与我们的观点一致，有些观点则有不同的立场。我们希望这些观点都有助于激发你更多的想法和创意。

像社交媒体这样的数字平台会使人们对它们怀有一定程度的敬畏，这仅仅是因为它们在技术上实现了本质上的“人情联络”。它们必须与任何其他能与人类产生联系的渠道有相同的标准。它们必定是令人着迷的，必定是吸引人的。最终，它们需要激发出你的品牌和 / 或你的商业目标所寻求的反应。我们常常迷失于技术前沿，我们以为必须以特殊的方式进行操作，而不是聚焦于为什么它们值得人们花费时间的原因。

迪安·阿拉贡（Dean Aragon）

壳牌石油公司全球品牌副总裁和首席执行官

让广告公司备感挣扎的是它们非常善于做很酷的事情，却发现自己很难做出有效的事情。

马克·里德（Mark Read）

WPP 集团 Digital 公司首席执行官

数据或者洞察本身没有任何意义。你需要激励人们去做事。我们可以采取的方法是将我们的发现具体化成能够引起情感共鸣且内容丰富的故事，让那些创作者施展他们的才华。

菲利斯·杰克逊（Phyllis Jackson）

宝洁公司市场研究部北美地区副总裁

他们太关心获奖了。我完全不赞成这种做法。这是巨大的分歧。我看得出来，他们的创意主要是为了获奖，我认为这对驱动我们的业务没什么用。对我来说，这是一个非常严峻的问题。我认为可以把获奖作为次要目标，但首先也是最重要的是，获奖必须能够驱动我们的业务。

史蒂夫·贾维斯（Steve Jarvis）

亿客行公司（Expedia, Inc.）全球旅行与运输部副总裁

最棒的创意并非仅仅来自设计师，它们还来自有创意的人和用户体验，也来自最终用户、分析师、门卫以及任何人。因此，我们鼓励启发式的评价过程，我们鼓励每个人都被赋予创造最疯狂创意的权利，我们可以把理查德·布兰森（Richard Branson）的裸照放在主页上，看看会发生什么。我们可以通过只让 1% 的人看到它来控制风险。

阿维纳什·卡希克

谷歌和 Market Motive 公司的营销布道者

《精通 Web Analytics 2.0》一书的作者

我曾在麻省理工学院媒体实验室读研究生。在那里，我们有时会提出一些非常棒却不切实际的想法，这些想法在现实中根本无法实现，却会得到非常棒的展示……有时，你会看到一些令人印象没那么深刻的展示，你也很少会认真考虑它们。你会说："哦，我知道它们会如何影响文化。我知道它们是如何对社会产生影响的。"……我喜欢这类想法。当你看到一些东西时你会说："哇，为什么没人想到呢？为什么这么显而易见的东西不存在呢？"这些是真正能够令我激动的想法。你通常能将它们付诸实践。

约拿·帕瑞蒂（Jonah Peretti）

BuzzFeed 公司创始人和首席执行官

洞察力能够从数据中获得，但它们必须能够驱动那些可以吸引用户的好点子和好创意。

库尔特·赫切特（Curt Hecht）

The Weather Company 公司全球首席营收官

我没法告诉你下一个社交平台或者电子商务平台是什么。关键是，我们要始终保持积极进取的能力。如果新平台支持我们的用户愿景，我们就可以随时采取行动。

斯科特·勒克斯（Scott A. Lux）

迪赛公司（Diesel）电子商务及多渠道部门副总裁

大多数公司远远没有充分利用数字化来拓展它们的业务。很多高管仍是那些在线下世界中掌权的人，而且他们的思维方式仍带有那个时代的特点。

阿维纳什·卡希克

谷歌和 Market Motive 公司的营销布道者

《精通 Web Analytics 2.0》一书的作者

故事使我们能够平衡左右脑。它们将我们的情感与一切整合在一起，解放出我们的人性。所以我们想要克服紧张和焦虑，激发出伟大的创意，制作出伟大的广告。

菲利斯·杰克逊

宝洁公司市场研究部北美地区副总裁

DOES IT WORK?
10 Principles for Delivering True
Business Value in Digital Marketing

目录

商业目标就是一切 01

BUSINESS GOALS ARE EVERYTHING

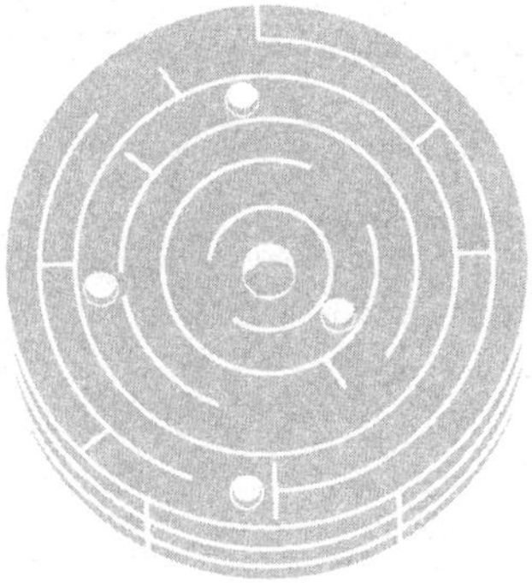

商业目标是本书的基础。没有商业目标，你就无从了解有效性、获得洞见，也就无从改变任何事情。每一个目标都是“它有效吗”中的“它”。

如今，很多品牌都有自己的商业目标，但很少有品牌用指标来支持这些目标，更少有品牌用数据来评估它们为营销做出的努力。这看似不重要，其实不然。如果你事先没有设定良好的目标并依据它们评估你的进展情况，那么你永远都无法知道什么是有效的。你只是在后视镜中观察自己付出的努力。

在本章中，我们将探讨什么是好目标，如何建立评估目标的标准，如何有效地衡量目标，以及如何利用衡量结果来学习并获得成长。

毫无意义地花费了数百万美元

如果你问亚历克斯·图（Alex Tew），他会告诉你定个高目标挺好的。作为英国诺丁汉大学（University of Nottingham）一位 21 岁的学生，他为自己定下了一个雄心勃勃的目标：挣足够的钱来支付学费。为了实现这个目标，他有了一个不太可能实现的想法：他要让人们给他钱。

图的想法很简单：他要以每个像素 1 美元的价格在网页上卖掉 100 万像素的空间。你可以花 100 美元买到 100 像素，放你想要放的任何东西。他想把 100 万像素都卖掉，或许赚到的钱足够支付他的学费。

正如人们所知道的那样，百万美元首页（Million Dollar Homepage）是设定目标并制订计划和衡量标准来支持它的一个很好的例子。图的目标是支付学费，衡量标准是大学学费。他能够轻易地知道自己是否获得了成功。

对图来说，一切都很顺利。一位朋友买了 400 美元的像素，图据此发布了一篇新闻稿。新闻稿被一家接一家的新闻媒体采用，百万美元首页的势头越来越猛。图卖出了越来越多的像素，在互联网上引起了轰动。多亏了世界各大新闻机构的报道，他很快就赚够了他需要的钱。事实上，需求增长如此之快，以至于他超额完成了目标，最终他筹集到 100 多万美元。

什么是目标

目标是你想获得的结果或者你想让企业实现的改善。例如，你的目标是让你的品牌在北美地区获得普遍的认可，或者你可能想在欧洲获得类似的市场份额；你可能想把销量提高 30%；你想成为世界上最大的蝶形螺母经销商。

然而，并非所有的目标都是好目标。为了设定有效目标，我们需要依靠专业化的商业目标框架——SMART，它也是最古老的商业目标框架之一。这个框架的基本理念（尽管不是首字母缩写）最早出现在彼得·德鲁克1954年的经典著作《管理的实践》(*The Practice of Management*) 一书中。书中提出，目标应当是具体的、可衡量的、可达成的、有一定相关性的和有时限的。让我们看看这些原则在数字环境下有何意义。

- **具体的**。目标概述了你想要达到的目的。在图的案例中，他想支付大学学费。品牌可能想增加收入或者减少10%的客服电话，或者希望提升20%的品牌价值。这些目标都很具体。什么样的目标不具体呢？比如成为最棒的、努力变得优秀、战胜竞争对手或者把梦想变成现实等。这些目标可能对你有意义，但它们太模糊了，无法为企业指明方向。
- **可衡量的**。借助"它有效吗"理论，你会进行很多衡量工作。这并不意味着仅仅通过查看你的销量和用户数量等数据或者通过社会舆情分析来检查企业的健康状况。"它有效吗"的目标必须是可衡量的。你必须对你所做之事是否有效做出判断。

  即便如此，这些目标也不一定必须是衡量标准。当然，你的目标可以是增加收入，这也是一个现成的衡量标准。你也可以有个软性目标，比如改善客户体验。如果你的目标是这个，你就需要建立一个标准矩阵（我们称其为"它有效吗"标准）来反映实现该目标的进展情况。对于客户体验，你可以采用保留率、社会占有率和客户满意度等标准。这些硬性标准可以告诉你，你正如何朝着实现软性目标前进。
- **可达成的**。如果你的团队无法实际达成某个目标，那么就不要设定该目标。即使是最好的品牌也会犯这个错误。例如，1971年，李·艾科卡（Lee Iacocca）为福特公司的工程师设定的目标是生产出斑马汽车（Pinto)，这辆车的重量不能超过2000磅，成本不能超过2000美元。为了达到这个严苛的标准，设计团队在安全检查方面偷工减料，致使该车的油箱存在结构缺陷，而这种缺陷导致车辆在发生碰撞时油箱起火，53人死亡。

艾科卡的目标的问题在于这个目标是无法实现的。不切实际的目标会导致执行不力、不道德的行为和员工过度劳累，我们将在后面详细探讨这个问题。

- **有一定相关性的**。这一点最简单。你必须确保你的商业目标能够让你一步一步走向成功。例如，你可以制定一个目标，即让你的 Instagram 页面成为同类企业中最受欢迎的。但是为了实现这个目标，你可能不得不吸引很多非顾客，这对你的账面利润毫无帮助。你设定的目标最终应当能够带来收入或者降低成本。
- **有时限的**。目标需要有截止期限。在一年内使客户数量增长 10% 与十年内达成这个目标有着巨大的差异。如果你设定了目标，却把实现它的时间推迟到未来某个不确定的时刻，那么就会产生更深层次的问题。在这种情况下，你可能会一事无成。

让目标更加 SMART

“它有效吗”与标准的 SMART 目标设定有一个很大的不同，这种方法有更广阔的商业背景。有了 SMART 目标，你可以首先为团队设定目标。企业内部不同团队的目标可能完全不同，而且两个团队不一定要相互配合。在“它有效吗”方法中，你首先应当为企业设定整体目标，然后再设定能够逐步实现整体目标的团队目标和项目目标。这样，商业目标就成了你做所有事情的指导框架。

当然，并非所有的团队和项目都支持所有的目标。与客服团队相比，销售团队对收入目标的支持力度更大，而两者都能够服务于客户体验目标。这很好。但每种努力都至少应当支持一个商业目标。

“它有效吗”与 SMART 的另一个不同之处在于目标的目的。一般的 SMART 目标是你想要跨越的激励障碍或者是绩效评估的工具。你要么达成这些目标，要么达不成。你要么得到奖励，要么得不到。你要么能保住工作，要么保不住。

DOES IT WORK?

营销人员可能非常关注营销目标，但有时会忘记商业目标是什么。

基兰·汉农

贝尔金公司首席营销官

“它有效吗”的目标不是这样运作的。它们不是路标或者里程表，而是对预期结果的谨慎估计。它们是我们认为成功时应当发生的事。因此，“它有效吗”的目标发挥着接触点的作用，我们可以围绕这些接触点了解事情是否有效。如果处理得当，这些目标能够增长我们的知识，帮助我们穿行于复杂且快速变化的环境中。我们将在下一小节中探讨这如何实现。

DOES IT WORK?

在发布新产品之前，我们会讨论什么才算成功。只有这样，我们才能客观地认识到新产品是否有效。这使我们能够知道自己是否获得了成功。

迪普・尼沙尔（Deep Nishar）
领英公司产品与用户体验部门高级副总裁

变异量与“它有效吗”的标准

你经常会听到人们说数字世界瞬息万变。那么，要如何跟上这些变化呢？主要有两种方法：第一种方法是我们必须观察这些变化，并尽量让自己适应它们；第二种方法是使用“它有效吗”的目标来帮助我们了解这些变化是如何影响我们的品牌和受众的。知道共享经济时代已经到来很好，但是它究竟对我们的品牌有何影响呢？我们可以对我们的项目提出假设，并在项目执行过程中检验这些假设来研究这些变化的影响。

要做到这一点，我们必须理解“变异量”这个概念。变异量指的是努力的结果与目标之间的差距。如果我们设定的目标是发货 2000 件，结果差了 10 件，那么变异量仅为 –0.5%。虽然我们没有达成目标，但为了这么小的不足而批评自己显然是愚蠢的。另一方面，如果我们比目标多发货 200 件，那么变异量就是 +10%。这个变异量比较大，而且或许能够为我们提供一个学习的机会。

假设你拥有一家连锁餐厅，总体的商业目标是提高销售额。在看过你的数据，并将它们与行业数据进行比较后，你意识到星期三午餐的销售额落后于业内平均值。这说明，午餐是你有机会提升和做出改善的地方。

你也知道，那些最忠诚的顾客是提高销售额最有力的保障。事实证明，他们中的大多数人已经下载并安装了你餐厅的订餐应用程序，这个程序是你的团队在一年前开发的。于是，你在应用程序中搞了一次促销活动，为星期一至星期五来餐厅吃午餐的人免费提供炸薯条。

接下来，你需要弄清楚什么是成功。幸运的是，你已经在应用程序中做了一年的促销活动，并掌握了大量数据。基于对这些数据的分析，你得出的结论是这次促销活动或许能带来 1000 份午餐的销售。

然后，你开始了促销活动。为了方便讨论，我们假设有 1200 人参与了这次促销活动。恭喜你！你干得不错。但是请记住，我们并不是简单地评估你在这方面的业绩，我们还想进行研究。所以，你还需要看看变异量。在这种情况下，变异量为 +20%。这是相当惊人的，意味着你应当弄清楚其中的原因。

为了找到原因，首先你需要确定最初的预估没有过低。然后，你查看了图片、宣传资料以及其他创意元素，看看这次促销活动是否与以往的促销活动存在明显的不同之处。你发现，类似“免费炸薯条”这样吸引人的标题的打开率比以往促销活动高得多。明白了吗？你的顾客喜欢那些宣传免费商品的简单信息。你希望在未来能够通过测试来证实这个发现，但现在，你至少在努力更好地了解你的顾客。

另一方面，我们假设你卖出了 960 份午餐，这种情况下的变异量为 –4%。你会因为没有达到你的预期就解散这个团队吗？当然不会。你们差得并不多，而且你也不想让你的员工将衡量指标视为悬在他们头顶的达摩克利斯之剑。相反，你想确定哪些因素导致你没有达成目标，或者这只是意外。你发现，大多数促销信息是在星期日傍晚发送的。后来，当你查看了星期日傍晚发送的其他类似的促销信息后才意识到，那个时间段发送的任何促销信息都没有达到预期的效果。你又有了收获。

我们再怎么强调“变异量”这个概念都不为过。如果想弄清楚什么对你的品牌有效，你就需要一把可以依据其做出评判的“量尺”，它应当尽可能准确和有用。你不能仅仅依靠那些看似能够证明成功的可用标准。

例如，几年前，我们公司为三星公司做了一段在线视频，讲的是一个年轻人意识不到自己的毛绒玩具狗不是真狗。他带着狗去公园，把它介绍给陌生人和邻居，甚至让它和一只想要与其交配的狗一起玩。这段视频想要表达的理念是，像三星这样真正的高级显示器始终比假的高级显示器更胜一筹。

视频得到了广泛关注，浏览量为 200 多万次。这似乎很成功，但是如果你的期望值是 500 万次呢？那我们可能算惨败。如果我们的期望值仅为 1000 次呢？我们当然是完胜。事实上，你可能已经猜到了，我们的主要标准更多的是与提高显示器的销量有关，而不是吸引眼球，吸引眼球只是一个意外收获。销量确实提高了，但并不像华而不实的浏览量所暗示的那么高。当你的信息被病毒般疯狂传播时，受众的质量必然会下降。这可能会对你的品牌产生积极的影响（这永远都是好事），但是销量不会随着你观点浏览量的变异量而同步提高。

带着目标学习

你也许没有意识到，你一直在运用“它有效吗”的目标和标准。例如，假设你想把通勤时间缩短 5 分钟，而且听说有一条捷径。你一定会采用“它有效吗”的流程。方法如下。

- **目标**：你想缩短目前的通勤时间。
- **“它有效吗”标准**：你认为把开车时间缩短 5 分钟就是成功。
- **想法**：你认为自己可能找到了一条捷径。
- **检验**：你开车走这条捷径去上班，看看能否缩短 5 分钟。
- **结果**：你要么节省了一些时间，要么没有。
- **学习并采取行动**：你要么每天开始走捷径，要么不走捷径。

这是一个凭直觉完成的过程，是我们进行学习的一个重要途径。例如，如果你想把后院变成一个花园，可能需要做以下这些事。第一年，你需要提前对种些什么植物做一些研究。你可以取一些土壤样本，加入肥料，种下种子，希望获得成功。

这一年是无法预测的，因为你所有的努力都处于“它有效吗”这个过程的初始阶段。你缺少信息和数据，你无法知道什么有效以及结果会如何。但是，你会尝试着种植，有些植物会长得很茂盛，有些长得不好。第二年，你有了一些经验，你会种植那些长得好的植物以及一些类似的植物，并且对结果有了更大把握。在大多数情况下，你的花园都会被打理得更好。从那时起的每个季节，你都会继续用“它有效吗”的方法来让花园变得更美。

目标与责任

在我们委托福瑞斯特咨询公司所进行的研究中，研究者会询问营销人员，他们是否认为根据业绩来奖励代理公司是公平的。得到的回答明显具有地理上的差异。福瑞斯特咨询公司在报告中写道：“在西方市场，责任更多的是定性的，而不是定量的。很少有营销人员将报酬与市场业绩捆绑在一起。他们期望代理公司实现项目目标，而且有些营销人员会进行年度评估。对一些营销人员来说，维护好这段关系就是其衡量成功的标准之一。而中国的营销人员会签订更正式的合同，将代理公司的收入与他们自己的收入挂钩，这既有上升的可能，也有下降的可能。”

我们知道西方市场中的营销人员为什么不愿意这样做。正如美国一家大型零售商的营销经理所说：“在频繁变化的环境中，你无法让某个人承担起责任。”

这听起来似乎有些夸张。这个体系中确实存在着混乱，而且这些混乱有时是不可预知的。但并非总是如此，而且也不是经常如此。例如，当我们优化一家社交媒体时，我们可以在相当接近的范围内预测出结果。同样，基于特定的投入，我们可以很好地了解一次广告活动的影响。

这些预测总是正确的吗？并不是，但这正是它的美妙之处：即使我们预测错了，我们也能从中受益。我们可以基于经验稍微调整我们的预期，这样，未来我们就可以更好地做出预测。

大多数营销人员都把数据视为一种反射性工具，即一种了解自己目前状况的方法。他们的仪表盘上挤满了各种衡量标准，比如社交媒体拓展、Twitter 曝光次数和移动地图搜索结果等。虽然这些东西很有用，但很多营销人员似乎很害怕这些数字会告诉他们，他们的工作做得不够好。应用“它有效吗”方法，你根本不用害怕数据。相反，你可以将失败视为学习机会。每个项目都能够让你更好地了解你的受众及其动机，即使你从中得到的教训是一开始你就不应当做这个项目。

当你意外获得成功的时候，你很有可能会在“它有效吗”这个方法上犯错，比如我们为三星公司制作的那段视频。我们知道我们的视频很棒，那是一个特别好的创意，但我们不应当就此得出这样的结论：毛绒玩具狗和糊涂的主人是制胜的法宝。相反，我们应当看看我们的团队是在什么情况下有了这个好创意的。毕竟，那是我们一直在寻找的好创意，而且“它有效吗”方法能够确保你拥有合适的要素，让更多的奇迹发生。

DOES IT WORK?

> 我会将营销部门当作业务部门而不是职能部门来运作。对于我们做的每一件事，我们都需要对为什么这样做以及如何做有清晰的想法并明确责任。无论做任何事情，我们都需要知道我们期望获得的商业结果。
>
> 格蕾丝·霍（Grace Ho）
>
> SAP 公司亚太区日本公司营销部门总经理

建立适当的责任制

在本章开篇，我们看到了当福特公司为员工设定了不切实际的目标时，道德问题是如何产生的。显然，设计师和工程师认为如果他们达不成目标，他们就可能会失业。

如果目标会把好员工赶走，那么它们对你毫无益处。如果目标让员工不敢提出大胆的想法，那么它们对你也是没有益处的。即便如此，我们还是想知道我们的想法是否有效或者是否需要做出调整。如果品牌聘请了代理公司，而代理公司一次一次地没有达成合理的目标，那么这肯定是有问题的。或许聘请的代理公司不合适，它并不像最初看起来那么有创意和重视创意；或许它需要改变推广品牌的方法。无论是哪种情况，你都希望了解原因。

责任需要平衡。第一，我们必须非常诚实地对待推广活动。如果活动不可行或者没有效果，你应当立即停止并找出原因。并不是每个创意都是好的，因此你一定要立刻意识到失败并采取行动。第二，确保你的绩效评估更多地依赖于奖励，而不是惩罚。例如，我们认为代理公司的薪酬应当以某种方式反映其业绩，但拒绝为供应商付款不会长期奏效。

DOES IT WORK?

> 营销人员非常依赖代理公司来帮助他们在快速变化的数字营销领域中探索。但是，绩效评估并没有被包含在内。大多数营销人员对代理公司的评价比较主观，评价标准是很好地完成了工作，而不是直接的商业结果。
>
> 摘自福瑞斯特咨询公司于 2014 年 9 月发布的报告
> 《为了实现有效的数字营销，首席营销官需要做什么》

最后，我们必须承认，数字世界是一个混乱的世界，有些事情会由于我们无法控制的原因而无效。我们曾在恐怖袭击发生那天放弃了一个重要的推广活动。如果活动照常进行，可想而知，效果会极其糟糕。如果你能确定某个外部原因，那么你就应当这样做。请记住，一次失败并不意味着什么，而一连串类似的失败则表明可能存在问题。

平衡长期目标和短期目标

正如我们之前说过的，目标应当有时限，而你应当警惕过度依赖短期目标。这并不容易做到。我们可以更准确地衡量短期目标，而且它们会提供更明显的成功迹象。你能知道自己做了某事，并且得到了什么结果。长期目标可能比较模糊，而且更难量化。因此我们发现，目标驱动型组织往往会倾向于短期目标。这是不对的。为了找出原因，让我们来看看一家因过度聚焦短期目标而差点毁了自己的企业。

位于美国芝加哥的 Blo 公司有一点奇怪。这家公司以经营 SPA 和美发沙龙业务为主，它所在领域的企业通常将奢华和宁静作为卖点。它们认为，安静、接近自然的环境有助于人们放松。对大多数人来说，这种地方及其提供的服务是一种享受，你愿意为之花钱，因为这是值得的，而且这个行业的促销活动一般都以此为焦点。

Blo 公司有了新做法。就像餐厅或者折扣店一样，它利用促销活动来吸引新顾客，例如它的“推荐朋友”计划。你可以给朋友一张卡，他们第一次来 Blo 公司时可以省 20 美元。如果你的朋友使用了这张卡，那么下次你来时也可以省 20 美元。男人一向不太喜欢做 SPA，所以 Blo 公司在星期二和星期三给他们提供了 10 美元的优惠。这个计划甚至还放眼于构建一个未来的客户群：持有有效学生卡的学生可以享受 8 折优惠。

同时，Blo 公司也提供了良好的服务，那些忠实顾客骄傲地在诸如 Yelp 这类社交媒体上对其大加赞赏。顾客们尤其喜欢一项被称为“Blo Out”的头发护理项目，因为这项护理会让他们在接下来的几天都觉得自己像个超模。

后来，Blo 公司发现了一个名为 Groupon 的团购网。这种网站喜欢打折，自然适合销售 SPA 服务。遗憾的是，当时 Groupon 团购网有一个危险的怪癖：它不允许你限制购买你团购项目的人数。如果你提供的团购项目太诱人，销量可能会很大。与之相关的问题是，Groupon 团购网要求其供应商至少以半价为起点。对于像 Blo 公司这样有经验的折扣店来说，这样的价格也太低了。在 Groupon 团购网上，Blo 公司能够让人们只支付 40 美元就享受到价值 110 美元的服务，将近 3.5 折。

在接下来的几周里，Blo 公司卖出了 3915 份团购。这使 SPA 业务陷入了极大的困境，Blo 公司根本应付不过来，更不用说在一年内要为所有团购顾客提供服务了。SPA 的质量和数量都受到了影响。数量方面，Blo 公司通过停止接听电话来减少预约；质量方面，它把所有服务的时间都尽可能缩短，只保障必要的时间。

我们可以通过 Yelp 来追踪结果。在采用团购形式促销之前，人们对 Blo 公司的评价是正面的，因为他们喜欢用更少的钱获得更好的服务，而且 Blo Out 头发护理项目很受欢迎。而在采用团购形式后，顾客对公司及其服务的评价一落千丈。现在，常客们抱怨 Blo 公司的员工心不在焉、态度粗鲁，抱怨服务时间太短且很难预约，等待时间太长，他们要在椅子上坐好几个小时。

然而，与那些来自 Groupon 团购网的新顾客相比，常客们的抱怨相形见绌。新顾客从来没有体验过好服务，也就无从比较了。他们似乎得意于发现了地球上最糟糕的 SPA，并且在互联网上把这个发现告诉了所有人。

“坦率地说，这个地方太恐怖了，”一位新顾客这样写道，“我带着 Groupon 团购券来到这里，享受了一次染发服务，然后剪了一个可怕的发型。总共只用了 5 分钟！一点也不夸张。”

“像其他很多人一样，我买了 Groupon 团购券，太令人失望了，”另一位新顾客写道，“连续五天，美发沙龙都没有人接我的电话。我甚至设了早晨 7 点的闹钟，这样就可以在他们一开门时就打进电话，但电话总是占线。”

Blo 公司原本以为 Groupon 团购网的促销活动能为其带来新顾客，有些新顾客会变成长期客户。相反，这次活动却带来了大量不友好的顾客，这些顾客只付了很少钱却大声抱怨，而且也没有成为回头客，同时还激怒了现有的顾客，让公司失去了很多老顾客。①

换句话说，你需要平衡品牌的长期目标和短期目标。虽然你可能想增加收入，但是也并不希望采用这种会危及你企业长期发展的方式。

DOES IT WORK?

> 我们的资源和预算是有限的。我们面临的最大挑战是，在面对计划外的短期策略时要继续执行长期战略计划。
>
> 摘自福瑞斯特咨询公司于 2014 年 9 月发布的报告《为了实现有效的数字营销，首席营销官需要做什么》

虚荣指标

在创建目标时，你还要警惕我们所说的虚荣指标（vanity metric）。有些数字很容易获得，比如粉丝数量、应用程序下载量、Twitter 曝光次数和签到数等。专

① Blo 公司虽然劫后余生，但后来停止了营业。

注于这些数字可能对企业没有任何帮助。相反，虽然我们最终获得了漂亮的分数（产品页面的访问量提高了 40%），但这并没有反映出实际的销量或者其他商业指标（为什么销量下降了 15%）。我们将在第 6 章中详细探讨这个问题。

如何设定商业目标

既然我们知道了什么是好的商业目标，那么让我们简单地探讨一下如何设定它们。为此，你需要组建一个团队。让企业以外的人也参与进来可能会对你有所帮助。企业内部的人员了解公司政治，会听从某些人的安排而不听从另一些人，而且他们的职业生涯会影响其对目标的思考。在这种情况下，那些没有利害关系的人往往会很有用。

设定商业目标的实际过程大致包含四个步骤：研究、分析、目标设定和采用。

1. **研究**。首先，你需要找到数据和其他信息，以确定什么是重要且可实现的。然后，从所有利益相关者那里收集信息。通常情况下，当我们主导目标设定时，我们会与每个人进行一对一的交流（这有助于消除群体思维）。我们会问这些人一系列问题，这些问题涉及他们认为企业应当努力实现什么商业目标。
2. **分析**。你需要对数据和访谈内容进行筛选，找出品牌所面临的最重要的挑战或者机会。你不应当寻求共识，因为那会形成无效的目标。你应当寻找那些能够形成灵活且有效的目标的数据。
3. **目标设定**。我们通常建议设定 3~5 个目标。如果你只有一个目标，它通常会太笼统，很难适用于组织中的所有人，他们会认为很难做出贡献。目标太多也同样有问题，这样的组织常常忙于应付很多的事情，以至于好像根本就没有目标。此后，你应当确定具体的标准，即“它有效吗”标准，以根据这些标准评估进展。每个目标都至少需要三个支持标准，除非目标本身就是一个标准。
4. **采用**。你需要让组织中的每个人都与这些目标保持一致。这是一个持续且没有终点的过程。我们将在第 2 章中仔细探讨。

福特公司的目标与衡量标准

尽管在本章前面的部分，我们以福特斑马汽车为例说明了糟糕的目标所存在的问题，但那是很久之前的事情了。如今，这家公司已经成为世界上目标设定最成功的企业之一。从 2007 年开始，它一直推行一个名为“一个福特”（One Ford）的计划。从本质上说，这意味着要融合公司的设计和技术力量，生产出适于所有市场的单一系列汽车。让我们来看一看该公司的目标与衡量标准。

一个团队

员工协同工作，形成一个精益化、领先的全球化汽车企业，衡量标准包括顾客、员工、经销商、投资者、供应商、工会/委员会以及社区满意度。

一个计划

- 根据当前需求和不断改变的模式组合，积极地进行组织重组，以实现可盈利运营。
- 加速研发客户想要且有价值的新产品。
- 为我们的计划提供资金支持，改善资产负债情况。
- 成为一个有效合作的团队。

一个目标

成为令人兴奋的、可持续发展的福特公司，能够为所有人带来盈利增长。

我们可以将这个目标解释为展示它是如何适应“它有效吗”标准的框架的。为此，我们将加入我们想象的标准（福特公司并没有公开其实际的衡量目标，但是我们可以从其计划中得到暗示）。

目标 1　成为一个全球化团队

“它有效吗”标准

- 齐心协力，在五年内将用户满意度分数提高 20%。
- 在两年内将员工满意度提高至 70%。
- 每年将股价和投资者价值提高 10%。

- 每年将供应商满意度提高5%。

目标2　切实执行一个计划

“它有效吗”标准

- 制造客户想要且有价值的汽车，提升客户保留率（五年内提升10%）。
- 重组，使新的组织结构在目前的需求水平上也能实现盈利。
- 每年缩减4%的新车型开发时间。
- 在为这些改变提供资金支持的同时，五年内将资产负债表中的资产与负债比提高10亿美元。

目标3　实现一个目标

“它有效吗”标准

- 建立一个令人激动的、可持续发展的福特公司，衡量标准是社会舆情指数每年提高2%。
- 每年将品牌价值提升10%。
- 每年收入增长10%。
- 第一个五年，每年将投资回报率提高2%。

这些目标具有一些非常了不起的特点。

它们符合SMART原则。我们可能提出了想象中的、可实现的、有时间期限的目标（福特公司对这些目标保密），但这很容易做到。

它们很简单。没有什么目标比“一个福特”更明确了。它包括一个统领全局的概念，有三部分计划来实现它。同时，它是全面的，涵盖公司业务的每一个方面。组织中的每个人都能够为成功做出贡献。

它们有成功的长期和短期标准。如果你审视每个目标，你就会发现，每个可衡量目标都包含长期目标和短期目标。

它们是令人激动的。数字让你保持诚实，但它们无法激励你。这就是“一个福特”计划加入了大量表达情绪的词汇的原因，比如“令人激动的”“齐心协力”“想要”“有价值的”。人们可以独自去影响衡量标准，但他们更喜欢成为伟大事物的一部分。“一个福特”计划有助于他们找到这样的感觉。

它们逐步增加了利润。我们永远都不应当忘记我们为什么经营企业。如果你的目标并没有让企业在财务上更成功，你就应当改变目标。为了将创新集中在少数车型上，“一个福特”计划会激励公司提高效率。这会让公司生产出更好的汽车，获得更多的利润。

“一个福特”计划有效吗？自从执行这项计划以来，福特公司的股价几乎翻了一番，而其他竞争对手，比如通用汽车公司、丰田公司和本田公司的股价则基本持平。

对你有效吗

在每章的结尾，我们会提出一些问题来帮助你思考你企业中的“它有效吗”方法。这些问题可以让你易于认识自己在应用“它有效吗”这种思维方式上的进展程度。比如：

- 我们是否有长期商业目标和短期商业目标？
- 这些目标是具体且具有相关性的吗？
- 是否有配套的、可达成的、有时间限制的衡量标准？
- 其他所有活动和项目都有能够一步一步导向我们的商业目标的衡量标准吗？
- 当开展一项活动时，我们是否对成功做了合理的预测？
- 我们在使用变异量吗？或者我们的目标是否为业绩目标？
- 如果成功或者失败了，我们能否从中学到东西？
- 我们是否在激励自己和我们的团队去努力实现目标？
- 我们是否有创建和重新评价目标的流程？
- 对于所有项目和活动，我们的团队成员在一开始、整个过程中和即将完成时都知道“它有效吗”的标准吗？

思想领袖的观点

我认为当你开始做某事时，无论是数字营销或者其他商业项目，真正重要的是要有一个明确的目标。你真正想要实现的目标是什么？如果不知道，你就几乎无法知道你需要付出什么努力。

拉尔斯·马德森（Lars Madsen）

佳能欧洲公司商业战略与发展部门经理

我们都是思想者。我们喜欢以不同的方式看待事情。当员工知道了最终目标而不是聚焦于目标的某个要素时，谁知道谁能够攻克难题呢？

基兰·汉农

贝尔金公司首席营销官

有关商业目标和数字渠道的讨论要么围绕着不断优化，要么围绕着产生巨大的文化影响并像病毒一样传播。真正的艺术是既要利用这两种方法来设计战略，又要明白企业的真实需求……考虑转型与增量。

德雷恩·布朗（Drain Brown）

POSSIBLE公司欧洲、中东和非洲地区分公司首席执行官

我认为做得好的品牌不会设定独立的社会目标。它们会审视自己的整体目标，然后问自己："我们在试图实现什么目标？"社会本应对每个目标做出反馈，无论目标是增加收入、降低成本，还是推广品牌，以使品牌有知名度。

克里斯·科恩斯（Chris Kerns）

Spredfast公司分析/调查部门经理

《趋势学》（*Trendology*）一书的作者

我的办公桌上有一张卡片，上面写着：没有计划的目标只是希望。我非常赞同并经常想着这句话。商业目标是商业计划中最关键的部分之一。对我来说，它关系到如何衡量和实现目标。因此，目标与项目相关、对品牌有影响并且有相关人员都理解目标是非常重要

的。如果没有真正的思考、讨论和执行，那么你只是希望能成功。

麦克·里德（Mike Reeder）

POSSIBLE 公司品牌战略与洞察部门高级副总裁

大多数组织失败的原因在于管理者没有反复重复目标，没有尝试将所有沟通与目标联系起来，以至于每位员工和每次讨论都可能会偏离方向。

萨姆·德克尔（Sam Decker）

Clearhead 公司主席、企业家、投资人

从业 18 年以来，我见证了客户从抱怨“我没有足够的数据”转变为“我被数据淹没了”。仅仅收集数据是不够的，品牌需要确定目标和关键绩效指标（KPI），然后集中精力去评估那些更重要的标准。

安德鲁·索尔姆森（Andrew Solmssen）

POSSIBLE 公司总经理

在营销活动的初始阶段，人们没有足够的时间来设定简洁的商业目标。这个目标是你对希望整个营销活动做什么所提出的假设。

安德鲁·康奈尔

华为技术有限公司西欧设备事业部首席营销官

拥有清晰的商业目标有助于我努力从合作伙伴那里获得更大的价值。但我也知道，如果我引入合作伙伴，就会存在反向责任。我能够让他们负起责任，同时我也可以回来对首席执行官说：“这就是我为什么这样做的原因，你可以让我对此负责，因为 X、Y 和 Z。”

斯科特·勒克斯

迪赛公司电子商务及多种渠道部门副总裁

我认为，在很多情况下，数字营销人员只是在用钱解决问题，因为他们觉得需要做点什么。六年前是“我需要 Facebook 战略”，现在是“我需要 Twitter 战略”。但事实上，他们头脑中没有任何商业目标。其他首席营销官正在这样做，所以他们不得不这样做。例

如，当每个品牌都在争着比其他品牌在 Facebook 上拥有更多的好评时，它们其实并不理解获得好评的目的是什么或者好评的价值是什么。

布莱恩·莱塞（Brian Lesser）
邑策公司（Xaxis）全球首席执行官

最终，你必须和你的团队坐下来讨论，“这是我们的成功之处。在这里我们学到了东西。”你需要培养学习的文化。你需要把这种文化带到创新中去，这样你就形成了一个闭环，当下次尝试做某事时，你已经把组织提升到了一个新的层次。

作为一家公司，目标的实现与否决定着我们的生死。我们会通过采用年度的、经过实践检验的目标设定和预算战略来实现目标。然后目标会被确定下来，并分配给团队。每位团队成员有 6~7 个目标，公司会根据目标完成情况给予他们奖励。我相信，有了目标，你就可以做成你能力范围内的任何事情；如果没有目标，你很可能一事无成。

保罗·克尔（Paul J. Kerr）
全球小型奢华酒店联盟（Small Luxury Hotels of the World）首席执行官

我们的客户中有一个知名的初创品牌。最近我问他，到今年年底他想实现什么目标。他脱口而出的答案令我震惊：“Twitter 粉丝数增加 50 000，Facebook 粉丝数增长 100%。”我非常喜欢这种回答，因为它会唤起我们所有人永不满足的好奇心来不断地问“为什么”，直到找到答案。

贾斯汀·马歇尔（Justin Marshall）
POSSIBLE 公司美洲地区业务发展经理

有时候人们会问：“如果你的商业目标实际正在把你引向错误的方向，那么你该怎么办？”当然有可能发生这样的事。重要的是你的组织应当知道如何朝着某个方向努力。如果有需要，你可以随时改变方向。但是，如果你不知道如何向着目标努力，那么当具有破坏性的改变发生时，你将永远无法做出果断的反应。

乔·谢波特（Joe Shepter）
自由营销/广告撰稿人、战略顾问

共同的愿景 02

A COLLECTIVE VISION

如果你曾设定过健身目标，那么你一定知道坚持目标并在心理上始终重视它是多么困难。在这个方面，企业和人没有什么区别。设定目标可能挺有趣，但是让每个人都向着目标努力就没那么有趣了。这就是我们必须创建共同愿景的原因。我们必须确保每个人都了解我们的商业目标，并且有他们自己的标准来支持目标的实现。

共同愿景还有一个好处。如今，品牌面临着跳出竖井思维以及消除影响营销部门与组织其他部分（甚至营销团队的不同部分）之间的瓶颈的压力。让所有人达成共识有助于你朝着这个方向迈出一大步。首先，它为每个人提供了一个沟通的起点。更重要的是，它能够释放出整个组织的创造力，有助于为你的客户提供始终如一的积极体验。

“竖井”造成的失败

我们常常说营销不是复杂的火箭科学，但我们最喜欢的故事是与真正的火箭科学家合作却搞砸了，使很多公司的年收入相形见绌。

洛克希德·马丁公司（Lockheed Martin）的一群技术人员正在研制一颗价值 2.33 亿美元、名为 NOAA N-Prime 的气象卫星。这颗气象卫星装载着几十种非常精密的设备。在建造接近尾声时，团队需要把它转动到另一侧，来安装最后一个组件。为此，他们把一辆特殊的翻转车放在它下面，并将它与适配器板固定在一起。不幸的是，他们没有注意到适配器板没有与任何东西固定。当他们开始翻转卫星时，它像一个不听话的生日蛋糕一样滑了下来，掉在地上碎了。幸好没有人受伤，除了美国的纳税人之外。事故损失高达 1 亿美元。

美国政府对这起事故进行了调查。最终的报告总共有 113 页，但调查的发现正如你所预料的那样。研制卫星的人和维修翻转车的人完全没有达成共识。维修人员认为适配器板不是车的一部分，而且为了存放，已经卸掉了它的 24 个螺栓。技术人员认为，适配器板是车的一部分，而且他们从没有费心去检查它们是否被正确地连接在一起。换句话说，他们之间有一个虽然小却非常重要的接触点，而他们从来没有就这一点进行过沟通。

这可能是你所能看到的最简单且代价最大的未达成共识的例子了。并非所有企业都会因为缺乏沟通而付出如此惨痛的代价，但如今，没有达成共识的组织一直都很常见。它们生活在竖井思维中，缺乏达成共识的目标，无法沟通，没有一致的工作目标。形成共同的愿景就是解决之道。

共同愿景

达成共识的第一步是公开并分享你的目标。遗憾的是，那是很多组织的最后一步。日复一日的辛苦工作很容易让人们忘记目标。为了获得成功，组织需要不断强化目标并激励员工。

为此，你首先应当为每个团队和每项行动设定额外的“它有效吗”标准。这些标准应当使团队和行动实现至少一个商业目标。当然，并非每个团队、部门或者你执行的项目都能够以相同的方式促进目标的实现。一家包装公司可能会为改善工人安全情况设定一个目标，但财务部门可能不会提供帮助，除了在工具使用协议和培训协议上签字。然而，财务部门可能会为实现其他目标提供支持。

好消息是，虽然很多企业发现设定整体目标的挑战很大，但是企业中的团队通常会发现，明白它们的活动如何支持商业目标的确是一件容易的事。那么，我们说的是什么呢？

DOES IT WORK?

我认为我的团队就是我的创意机构。因为对我来说，在可口可乐公司，创意机构就是营销团队的全部。

吉多·罗萨莱斯
可口可乐公司欧洲集团整合营销负责人

设定团队和组织的标准

企业的每个部门和团队都应当根据目标设定自己的标准。例如在第 1 章中，我们探讨了福特公司如何设定整体目标和成功标准，其中一个目标是在为变革投资的同时保持盈利。以下是企业不同部门对这个目标的贡献情况。

- **销售部门**。该团队希望为组织增加销售并降低销售成本。
- **数字营销人员**。该团队想再次控制支出，同时增加社交对话（social conversation），推动销售。
- **财务部门**。该团队的目标是在追求投资回报率最大化的同时实现资金平衡，并寻找省钱的灵活方法。

- **人力资源部门**。它们需要吸引并留住高质量的人才，同时不超过预算。

为每项活动设定标准

接下来，我们把范围缩小到项目和其他较小的活动。在这里，我们建议为几乎所有事项都设置标准。为了了解原因，让我们看一看企业的弊病之一——会议。大多数会议组织者都会利用时间空当举行会议，每个人都会带着要讨论的议程来到会议室。如果把清单上的事项都讨论完，他们就认为会议是成功的。这类会议往往会拖延至可用时间都被耗尽，浪费了本可以被更好利用的时间。或者与会者最终只讨论了一部分议程。

按照“它有效吗”标准举行的会议则不同。我们不是带着议程开会，而是带着希望得到的结果开会。我们不会说我们将“对可能的方法进行头脑风暴”。相反我们会说，“我们将形成三种有效的方法”。我们不是“更新每个人的状态”，而是确保“每个人都了解项目的各个部分以及接下来的步骤”。这些看起来好像是微不足道的差别，但它们为你提供了关注点和清晰的终点。这会加快会议的节奏，确保你不会花太多时间讨论一件事。目标一旦达成就可以散会了（或者聊聊橄榄球）。

我们建议把这种模式用于每一个重要事项。例如在我们公司，我们对以下各事项都采用了“它有效吗”的标准：

- 新员工简报；
- 项目需求建议书；
- 所有项目；
- 所有内部会议；
- 所有客户会议和演示；
- 季度账目审查；
- 团队 / 员工入职上岗；

- 考评与晋升；
- 活动优化；
- 持续衡量是否取得了成功；
- 创意案例研究和讲故事；
- 项目变更通知讨论；
- 安排优先顺序；
- 跨办公室合作；
- 跨团队交接；
- 活动启动报告；
- 活动启动后的推介。

积极运用目标和标准

我们还建议在积极的情况下提出整体商业目标和标准。它们应当在一开始就被提出来，并且作为与任何活动的接触点。它们应当在沟通和反馈中发挥作用。例如在会议中，我们可以先复述我们的商业目标和标准，表明这次会议应当如何符合我们的商业目标和标准。如果你无法从容地解释为什么要召开这次会议，那么你就不应当开会。

与企业外部达成共识

我们委托福瑞斯特咨询公司所进行的研究显示，代理公司“依然是营销经理们重要的合作伙伴，但是企业越来越期望首席营销官能够实现收入成果，在这种环境中，大多数营销主管，尤其是美国和欧洲的营销主管不愿意让代理公司承担同等的责任”。正如我们在前文中所提到的那样，中国公司倾向于以更高的标准要求它们的代理公司，并将薪酬与业绩挂钩。

我们认为代理公司在这场游戏中占得了先机。在欧洲和北美地区，成功往往意味着完成，而不是成就。前者是已确定的事实，而后者是目标。虽然企业可以聘请代理公司，但是只有当它们成为企业团队的一部分，并且能够用专业知识来解决潜在问题，而不只是提出解决方案时，它们才会发挥更大的作用。

遗憾的是，当它们不理解我们想得到的结果时，我们可能束缚了它们的思想。如果它们了解了我们的期望，它们可能会有更好的创意。它们可能用新的解决方案进行创新，而不是执行现有的想法。如果它们不知道自己在努力达成什么目标，就永远无法创新。

此外，如果让它们自由发展，那么很多代理公司以及其他供应商就可能会回归它们自己的目标上，比如赢得同行的认可。获奖当然很棒，但并不是所有奖项都有用，都能对品牌产生有意义的影响，比如我们讨论过的《蠢蠢的死法》。代理公司为了自己的目的创作了完美的内容，却可能无法帮助客户达成目标。

激励

你想让别人帮你实现你的目标吗？那就给他们一个理由。奖励是一个好方法，它可以让员工、经理以及代理公司等合作伙伴重视你的目标和标准。你也可以把你的标准作为一种考评工具或者提拔员工的依据。

问问“它有效吗”

当然，每当我们设定标准时，我们要不断地问以下问题：

- 它会有效吗？
- 它正在发挥作用吗？
- 它有效吗？
- 它为什么有效？

每当启动一次广告活动、开完一次会议或者进行绩效评估时，你都应当问问自己这些问题。然后，要用答案进行学习和改进。

DOES IT WORK?

达成共识的关键是良好的沟通，而且是真正清晰的沟通。我认为，就是把你想要实现的目标表述得清晰、简洁并且相当简单。如果你无法在30秒钟的电梯演讲中或者更短的时间内解释清楚你想达成的目标，那么让别人与你达成共识就会变得非常困难。

拉尔斯·马德森

佳能欧洲公司商业战略与发展经理

竖井思维与达成共识

假设你企业内部对目标和标准都达成了共识。你们有一套完整的共同愿景：坚定的目标以及为组织中的每个角色量身定制的标准。每次会议都有成功的标准，每个项目都会一步步迈向更大的目标。那么，哪里会出问题呢？几乎每一件事情都可能出问题。为什么？因为“竖井”。让我们看看这是如何发生的。

假设你拥有一家公司，主营业务是修剪草坪。你为员工设定了三个整体目标：剪草、带走剪下来的草屑以及关注客户的需求。你让各个部门都了解了这些目标。它们提出了自己逐步实现目标的标准，然后每个人都开始了自己的工作。

六个月后，你进行了一项调查来了解新客户对你公司的看法，结果发现他们讨厌你的公司。“发生了什么？”你问你的高管们。“我们已经为此开过会了。我们已经在每位员工的棒球帽上印上了‘友善’的字样。出了什么事？”

幸运的是，你联系了一家知道如何消除“竖井”的代理公司。他们对你们的沟通进行了分析，很快就发现了问题。每当有新客户时，你的公司都会令他们喘不过气来。公司的各部门都想做到非常体贴，都开始与客户联系。首先是评估团队，他们会到客户家中去确定修剪草坪的需求。其次是保养团队，他们完成草坪的修剪。在提供服务的一周后，客户关系团队会送给客户一个礼包，打电话了解服务情况，最后自动发送一份调查问卷。每个部门都会给客户发送电子邮件和短信，以确保他们十分关注客户的需求。

当这番轰炸进行到一半时，客户已经受到了太多关注，以至于对你的公司产生了厌烦，他们心想，为什么不干脆到街上找一个满脸雀斑的孩子用割草机修剪草坪呢？每个团队都不知道其他团队做了什么，结果这些客户很可能不再聘请你的公司来修剪草坪。

这不是一个理论问题。我们曾经与一家国际电信公司有过合作，这家公司提供从电视到网络再到手机的各种服务，所有服务都是根据客户的需求，并以不同的套餐形式提供。他们在客户服务上花了不少钱，尤其是在给新客户打电话这件事情上。我们分析了他们的沟通方式，希望能够找到一些方法，帮助他们教会用户如何自己解决一些基本问题。

我们的发现令人吃惊。他们与客户进行的大部分沟通都已经达到了这个目的。他们的指导非常清晰，我们真的无从改进了。问题在于很多不同的团队都在与客户联系，客户收到了太多来自这家公司的电子邮件，他们不再阅读这些邮件了。

之所以会发生这种情况是因为不同的业务部门根本不知道其他业务部门在做什么。他们都想提供帮助，但他们的任务内容互相重叠，以至于如果客户选择了适当的服务和安装选项后可能会在两个星期内被联系 100 次。显然，“竖井”应当被消除，而且信息应当更聚焦。

当一个团队假定另一个团队联系了客户，但其实并没有时，就会发生相反的情况。例如，客户提出了一个有关社交媒体的问题。社交媒体团队认为应当是客服团队负责联系客户，而客服代表并不认为这是他们的工作。因此，问题没有得到解答，客户很生气。相反，两个团队应当团结起来，找到一个更好的流程。

DOES IT WORK?

达成共识的关键是良好的沟通，而且是真正清晰的沟通。我认为，就我们与其他部门的同事有共同的目标。我们的最终目标是让公司得到发展并强大起来。公司的目标与每位员工的目标都密切相关。

摘自福瑞斯特咨询公司于 2014 年 9 月发布的报告

《为了实现有效的数字营销，首席营销官需要做什么》

认识到沟通中存在的问题

企业一直都存在这些问题，但最近几年问题变得更加严重。几乎每个星期，我们都会看到大公司在沟通方面发生的灾难性事件。原因如下。

- **分散化**。如今，我们可以在很多平台进行交流，这使我们能够更精确地瞄准我们的受众。有时这真的很棒，但这也意味着你需要更多的员工与更分散的受众进行沟通。你需要确保他们都达成了共识。
- **透明**。数字化几乎让你企业的每个业务部门都需要面对用户。当一位工程师写了一篇博客或者一位销售人员对客户粗鲁无礼时，这些信息会像病毒一样迅速传播。几乎每个人都变成了潜在的企业发言人。他们能让你的企业看起来很棒或者很差。
- **品牌成了内容生产者**。很多企业利用它们的数字资产或者其他平台来接触客户。这再一次为内容生产创造了很多途径，相应地也意味着在很多地方，你的员工会影响企业的形象。品牌需要一个过滤器，以确保员工发布的内容没有逾越指导方针。
- **双向交流**。现在，品牌经常会通过社交媒体和第三方网站与客户进行沟通。这些沟通经常涉及非传统的参与者，比如工程师和产品开发者，这意味着他们实际上成了营销人员。所以，品牌也要关注他们的行为。
- **不受控制的信息**。我们无法像以前那样控制我们的品牌沟通。其他人能够对我们形成感知，而且我们不得不尽我们所能来做出最好的回应。

Twitter 上的噩梦

如果你不相信品牌在一个人人都是代言人的环境中面临着很多问题，那么就看看 Twitter 上发布的内容吧。它可能是最危险的社交媒体平台之一，因为人们既为品牌发布内容，也为他们自己发布内容，而且他们有时根本不会对发布的内容进行思考。要了解哪里出了问题，请看看下面的例子。

克莱斯勒汽车公司（Chrysler）。一位以为他只代表自己的合同工写道："我发现这很讽刺，底特律被称为'汽车城'，但这里却没人懂得要如何好好开车。"

诺基亚新西兰公司。有些品牌发布的内容特别简单。有一天，诺基亚新西兰公司没有针对任何特定的人发了一条内容低俗的内容。

在线票务商 StubHub。这个品牌以独特的方式表达了对星期五的期盼：“谢天谢地，今天是星期五，我都等不及要赶紧离开 StubHub 这个地狱般的地方了。”下次跟我们说说你对你企业文化的真实想法。

特易购（Tesco）。当这家超市被发现用马肉冒充牛肉出售时，它对此丑闻回应说：“现在是休息时间，我们目前不工作！早上 8 点见。”

底线在哪里？大多数品牌可能会让那些粗心、愚蠢的员工来发布内容。你应当确保你社交媒体团队中的成员严肃认真，不会把个人账户与企业账户混为一谈。除此之外，你还应当避免敏感话题。人们可能喜欢你的品牌，但这并不意味着他们想听到你对中东地区发生的剧变的看法。

有共同愿景才会释放创造力

一个更深远、更重要的数字化挑战与创意有关。过去，广告商常常遵循的是传统模式，在这种模式下，大多数创意都来自那些由一位广告文案撰写人和一位艺术指导组成的团队。而一家成功的数字代理公司不会这样做。随着技术的进步，我们已经认识到创意可以来自任何地方。你的技术人员或许知道一种能让你的受众惊叹的新方法。一个实习生可能会在酒吧里发现一种很酷的东西，而这种东西会在不同的环境中带给人们惊喜。一位数据分析师可能会注意到一种新兴趋势，这种趋势会指向不同的解决方案。这样的事情可能不会每天都发生，但是我们想要抓住所有的想象和创意，无论它们来自哪里。

DOES IT WORK?

如今，很多人都参与到广告活动中。达成一致就是要保持简单。重要的是，广告活动背后要有一个口号，无论它是什么。你必须对如何衡量成功有一个明确的愿景，这样你才能与这个愿景保持一致。

丹尼斯·卡尔科斯（Denise Karkos）
互联网券商 TD Ameritrade 首席营销官

达成共识的营销

在本章的开篇，我们探讨了洛克希德・马丁公司在沟通上犯的错误。两个不同的团队为一个项目工作，却没有进行沟通。它们共享着一个接触点，但需要达成共识。

营销与之类似。为了让一切顺利进行，我们需要对企业的沟通活动形成一个统一的看法，并利用我们发现的机会。虽然我们没有适用于每个组织的灵丹妙药，但是我们可以为你提供一些可以用来解决这些问题的工具。

- **接触点地图**。这些地图显示了品牌与消费者发生互动的所有地方，并且可以用于评估每个渠道目前的状态以及潜在机会和未来状态。你可以用它们进行沟通，或者也可以将它们用于企业内部有利益交集的两个不同部门的任何活动中。
- **心态与影响时刻**。它们是接触点地图上的一些位置。在这些位置上，品牌有机会改善或者提升消费者体验或者影响消费者行为。
- **消费者行为地图**。它是展望未来或者关于你的整个组织如何能够随着时间的推移而不断提升消费者体验的前瞻性文件。
- **信息层级**。这是一份独立的文件，表明品牌就其产品与服务进行沟通时所希望传递的要点。有些品牌可能发现这种工具不如其他工具有用。消费者品牌经常发现它们控制沟通的能力有限，因此认为保持透明、让消费者发言是最好的方法。而那些提供新颖的、创新的或者更复杂的产品和服务的企业则可以运用这些工具用一个声音对外传递信息。

DOES IT WORK?

如果我们对“谁是我们的消费者”有一致的看法，那么在这个过程中我们会有很多利益相关者。这样，你就可以像一个有机体一样运作，而不是一个组织。如果我们对消费者达成了共识，我们就解决了自己部门的内部问题或者消除了自我强加的“竖井”。如果通过共享目标能够形成多个视角，那么创新也就产生了。你就拥有了一个能够快速创新的团队，这个团队不会受到组织结构的局限。

麦克格雷戈・阿甘（McGregor Agan）
英特尔公司营销事务部总经理

接触点地图

作为一个品牌，如果你想前往某个目的地，有张地图会比较好。接触点地图列出了你的品牌能够与消费者产生互动的所有地方。对某些品牌来说，这样的地方非常多。这就是为什么拥有多张显示消费者在不同领域的体验的地图常常会更好的原因。例如，你或许有一张覆盖移动服务、基于位置服务的接触点地图或者一张查看你店内体验的接触点地图。关键在于要把接触点记录下来，便于共享接触点的人员进行沟通。

这些地图有以下明显的优点：

- 让我们对消费者是如何体验我们的品牌一目了然；
- 使人们摆脱自己的狭隘观点，看到自己在更广泛经验中所发挥的作用；
- 使不同的团队了解它们在哪里可以共享接触点，并且认识到对它们来说，沟通中哪里存在着机会，而它们没有进行这样的沟通；
- 有助于消除重复的努力。

作为营销人员，绘制接触点地图是我们能做的很有启发性的事情之一。原因在于为了创建接触点地图，我们经常不得不成为消费者。例如，每当我们为客户创建接触点地图时，我们会穿上双排扣风衣，戴上软呢帽，完全转换为侦探模式。我们变成了消费者。或者你可以说我们变成了调查员，尝试去了解消费者的感受。

我们选择他们选择的服务，我们提出问题，我们尝试他们选择的产品。我们还会扮演成不同性格特点的消费者，来看看他们如何与品牌互动。我们会查看一个网站是否知道我们曾经访问过它，或者它是否知道我们是消费者。我们制造问题，我们联系客服，我们试着在支持网站上找到解答，而且如果他们有聊天服务，我们也会用一用。我们还会进行传统的分析和消费者访谈，以了解人们在体验品牌时的心态。

然后，我们把所有信息都输入我们的接触点地图，形成一张用色彩编码的电子表格，其中列出了每一个接触点以及在那儿发生的事。接触点地图通常包括以下内容。

- **接触点。**我们为品牌或者服务列出的所有的消费者接触点。
- **目前的效率。**通过衡量品牌的知名度、关注度、转化率和拥护度以及衡量每个接触点的机会水平所评估出的目前的效率。
- **心态。**消费者当时的心态。
- **影响时刻。**这是不是一个我们可以产生影响的地方以及如何产生影响。
- **营销行动。**我们建议采取的一项特定的营销行动（它可能非常简单，比如展示一则广告或者增加一句话）。
- **信息内容。**我们具体指出行动中应当包含什么内容。

让我们更详细地介绍一下。

心态与影响时刻

2002 年，英国汇丰银行通过一次名为“控制希思罗”（Heathrow Domination）的广告活动覆盖了整个希思罗机场。活动的目的是让旅客不得不注意到汇丰银行的品牌。为了达到这个目的，汇丰银行在走廊、墙壁、电梯和登机口等几乎所有地方都张贴了它的品牌标识。

这真的很震撼。想象一下，你走过贴着汇丰银行标识的登机口，看到贴着汇丰银行标识的垃圾桶，你就明白了。但是这样做可能有些过火，银行业内的其他公司纷纷效仿。在接下来的五年中，盲目效仿的银行把它们的标识贴得到处都是，比如电梯、自动扶梯、地板、大楼的外墙、过街天桥和公共汽车，甚至还贴进了卫生间。到了 2007 年，你已经很难找到一件没有贴有银行标识的东西了。

我们能够预测到接下来发生的事。这种潮流成了笑话。品牌专家对此提出了异议。那么，这种做法有效吗？对汇丰银行来说也许有效，但总体来说并不是真正有效。问题出在关联性上。没有人会自然而然地把电梯门或者楼梯间与银行联系起来。几乎没有人能记住这些广告，能采取行动的人更少。

为了避免出现这种情况，我们需要在接触点地图中加入一些东西，那就是心态和影响时刻。换句话说，我们不仅要列出接触点，而且还要对它们进行评估，看看它们是否也是品牌有机会朝着目标前进的地方。

我们应当怎么做呢？

1. **详细说明消费者的心态和活动。**你想要弄清楚一位消费者在消费过程中的不同时刻的想法。例如，入住酒店的消费者会有多种不同的心态。当她办理入住手续时常常会与接待员打交道，并且喜欢积极的品牌体验。当他拨打投诉热线、抱怨浴缸堵塞时，你可能要派一位管道工去处理。
2. **分配营销行动。**一旦了解了消费者的心态，你就会知道在每个接触点上应当做什么了。例如，我们发现，为网上店铺的第一位买家提供包邮服务是个好主意。这可能是因为他们正在逛各个网店，如果你为他们提供了更好的交易，那么你就会实现销售。
3. **展示信息或者故事。**正如我们之前说过的那样，你的电子表格的最后一栏应当展示一个故事，这个故事可以在那个接触点上对消费者产生积极的影响。
4. **不要忘记人物角色。**你的消费者千差万别。你可能会发现，把你的电子表格拆分开，并且为不同类型的消费者提供不同的体验是很有必要的。

人物角色

当我们尝试了解消费者的体验时，从他们的角度出发是非常重要的。当然，不同的消费者对产品和服务的体验各不相同。他们属于不同的类别，也就是营销人员所说的“细分市场”。一个细分市场就是一个消费者子集，他们对你的营销活动会产生类似的反应。

通常，你可以使用调查数据或者其他数据来区分细分市场。例如，你可能知道你 40% 的受众是有年幼孩子的妈妈，或者 20% 的受众是男性高尔夫球手。你可能了解他们的一些特征。65% 的妈妈每天登录 Facebook 的次数超过 1 次，或者 90% 的男性高尔夫球手已经在他们的智能手机上下载了应用程序。

问题在于，我们很难从这类数据跳跃到像心态这样带有情感色彩的特征上。数字太抽象了，对你了解消费者动机毫无帮助。

这就是你为什么需要一个人物角色的原因。人物角色是一个虚构的角色，代表了你的受众中一个重要的细分市场。传统意义上，人物角色就是一页纸，上面有照片和一系列性格特点。虽然这总比什么都没有强，但如果这些角色更鲜活、更生动一些就好了。你应当通过他们的声音、他们的恐惧和希望、他们自己如何使用或者如何与朋友们一起使用你的产品，以及产品在使用过程中会发生怎样的变化来了解他们。

让我们来看一个简单的人物角色，它生动地展现了一家高端运动服装公司的一个男性消费者细分市场。

人物：雷扎

年龄：42

收入：每年 25 万美元以上

职业：企业家

家庭情况：已婚，妻子是玛丽·安妮（Marie Anne），有两个孩子，8 岁的杰米和 10 岁的萨米尔

着装习惯：需要最好的服饰，不考虑价格

影响力：他有一个颇有影响力的博客；他经常在各种会议上发言，在这种场合下，他喜欢穿适合非正式场合的服装

故事：

雷扎在美国读了大学并留了下来，因为他非常喜欢尝试新事物。从那时起，他成了一位创业者。他创办了多家小公司，开发利基技术，再把技术卖给大公司。他已婚，有两个孩子。他一直都保持着积极工作的状态，一天内完成的工作比大多数人六天完成的还多。一年中他会与家人度 10 次假，他们坐头等舱去著名的度假胜地，连续滑几天雪。虽然他的技术一般（而且他对自己的运动才能不抱幻想），但是他喜欢最新最好的装备，包括可穿戴设备。他会流连于博客和各种网站，寻找关于功能性服装的最新信息。因此，对他来说，品牌不如功能说明重要。他是一位冲动型购物者，既会使用手机和平板电脑购物，也会在商场里购物。

不滑雪的时候，雷扎也很活跃。他有一辆越野车，每年他会开车去夏威夷旅行几次。尽管他还不太会冲浪，但是他正在努力学习。除此之外，他会花很多时间来陪伴妻子和孩子。

由此，我们通常能够描绘出一些场景，这些场景展现了雷扎是如何与他人

交往、如何购买服装、如何使用电子设备购物的。通常当我们这样做的时候，我们会让雷扎用他自己的方式告诉我们，会让他自己说。例如，假设我们的数据显示这个细分市场关注的是社会公正，不喜欢销售人员，而且比较喜欢网络购物。你可以把这些数据用以下的方式联系在一起：

“你知道我不喜欢什么？是的，去商场里购物。那太浪费时间了，而且我也没有时间。我会在网上购物，而且如果它们看起来不好，我可以退货。实际上，我通常会把它们留下，这令我的妻子非常恼火，因为柜子里堆满了各种东西。最终，我捐出了那些东西，但家里看起来还是一团糟。”

相对于典型的人物角色，这类人物角色具有以下几个优点。

丰富。只有当一个人看起来比较真实的时候，我们才会与其交往。你不应当通过性格特点来了解他们，而应当通过“他们是谁”来了解他们。

关联性。你了解他们的弱点。人物角色不是 Facebook 的页面，只展示某个人生活中玫瑰色的一面。他是真实的人，他的性格特点反映了这个细分市场的数据，却不是刻板地重复这些数据。在那些与雷扎同属一个细分市场的消费者中，几乎没有人与他有相同的背景。你应当避免刻板印象，尤其是关于母亲的刻板印象。

人物。如果你讲述的是关于一个人物角色的故事，那么该角色所代表的一类人就会变得更形象、更具体了。通过观察人物角色，你会更好地了解这个细分市场，这有助于确保你提供的客户体验能够与你的受众产生共鸣。

声音。你应当让人物角色发出自己的声音。这可以将他们与普通的细分市场区分开。

当设置人物角色时，你应当尽量把它们塑造得真实可信。比起仅仅观察原始数据，这样做能够使团队中的每个人更快地感受到这些人物角色。

绘制消费者行为地图

接触点地图擅长告诉你你在哪儿。而你还想让所有人知道，你的品牌和产品未来应当在哪儿。这需要一种不同的工具：消费者行为地图。它的目的是让所有人对接下来发生的事情形成一个共同的愿景。

消费者行为地图显示的是未来你的用户会有什么样的体验，以及你希望这些体验会让他们有什么样的感受。这种地图在本质上比接触点地图更具情感性。它们描述了期望得到的结果，而不是已经讲述的具体故事或者采取的行动。因此，它们看起来与接触点地图不太像。虽然每张地图都不同，但是大多数地图都类似于流程图，用以表明某种体验应当让人们有何感受。让我们通过一个简单的例子来看一看原因。

你有一家糖果公司，你想为你的客户创建一个具有革命性的忠诚计划，该计划将把客户吃糖果的乐趣与其他乐趣联系起来。由于人们普遍认为糖果不健康，致使销售遇到了阻碍，你决定开展一些健康的活动，比如攒够一定的积分，你将获得一天免费的健身房通行证或者一款健身应用程序或者运动品商店的优惠券。

问题在于你不确定要开展哪些活动。你既没有与运动品商店或者健身房合作过，也还没有决定是自己创建一款应用程序，还是与应用程序开发商合作。所以你要停下来吗？不，相反，你应当为每种体验都编一个故事。或许你可以提供一张健身房通行证或者一张健康食品商店的优惠券，这并不重要。重要的是这种体验会如何影响人们。这样，即使你无法实现某种促销或者创建某种体验，你也知道你想要一个能够产生相同结果的计划。这会为你提供一张地图，它可以帮助你的员工创造出人们喜欢的体验。

绘制消费者行为地图的过程比较漫长，可以简单地归结为以下几个关键步骤。

- **调查研究**。尽你所能地收集所有相关数据以及与你的行业、你的机会相关的第三方报告。
- **明确市场与商业目标**。换句话说就是设定你的“它有效吗”标准。你想从你的 3~5 年愿景的结果中获得什么？
- **概述战略**。规划成功的愿景。
- **协调资源**。确定你需要什么资源以及绘制消费者行为地图需要讨论哪些事宜。
- **创建地图**。消费者行为地图通常看起来像流程图，它是由一系列相互关联的体验构成的，它们展示了重要的影响时刻以及消费者的情绪反应。你还可以通过这些地图追踪潜在客户的路径。

最后需要说明的一点是，虽然绘制消费者行为地图需要做很多工作，但是它是一种非常强大和有用的工具。它为组织提供了清晰的目标和标准。最好还要绘制一张组织行为地图，以便组织中的每个人都能全面地认识到不同的部门应当如何与用户进行互动。而最有趣、最重要的挑战在于创建一个共同愿景，这个愿景能够使组织在未来为其客户创建一种更好的体验。

信息层级

请允许我们花点时间来探讨一些更复杂的产品和服务。或许你只需要卖甜甜圈的好创意，但有人卖的是喷气式飞机。这通常需要其他一些东西。

我们会很自然地从“叙事”的视角来描述产品，并且通过故事和用例来谈论它们，而不是从整体角度来看待它们。如果你开发了一种新型煎锅，你通常会描述它适合做哪些事（比如煎鸡蛋，因为你经常煎鸡蛋），而不是描述这种产品的所有好处（不粘的特性能使客户更容易地烹制他们喜欢的食物）。

对于那些简单的产品来说，这通常不是问题。围绕你的品牌的大多数沟通都将由市场中的人们来驱动，一个条理清楚的故事可能就没那么重要了。但是，对于那些创新产品和功能复杂的产品来说，良好的沟通仍然很重要。因此，你需要确保组织中的每个人都知道产品的故事。产品是什么？它能做什么？它对人们有什么帮助？为此，你需要另一种工具，这种工具已经被人们广泛使用了，那就是信息层级。

这份文档围绕一种产品或者多种产品形成一种品牌思维，它统一了所有人解释一款产品的不同特性和优势的口径。让我们来看一款产品的一个简单层级（如表 2-1 所示）。这款产品可以帮助你实现用你的智能手表控制车库门。安全、打开灯的方法、在任何地方都能检查门是否关好等特性令这款产品颇具吸引力。信息层级将所有这些优点整理成了公司中所有员工都能理解的一些内容。

表 2-1 Wristdoor 的信息层级

价值定位	Wristdoor 让你安心，无论你在哪儿，你家的关键入口都尽在你的掌握		
主要好处 / 值得信赖的理由	安全地控制车库门	在任何地方都能够访问	简化你的生活
支持好处的特点	• 加密、防黑客无线电通信信道 • 检查车库门是否关好，并确保你不会开着车库门离开 • 遥控灯功能让你在进入车库前就可以查看是否有人藏在里面	• 在任何地方都可以观察或者控制你的车库门 • 安全、方便的网络应用程序和手机应用程序 • 在你到家之前打开 • 通过远程遥控，你可以在卧室关好车库门	• 通过设置，门可以在你距离车库 1.2 米时自动打开 • 产品的应用程序接口可以接入现有的家庭自动控制系统，实现使用一个控制点就可以控制全家

好的信息层级能够让你迅速了解你应当如何向他人介绍你的产品。以下是一些不同的部分。

- **价值主张**。让主要消费者了解你的产品或者服务的一条陈述。
- **主要益处**。这个部分分析了客户喜欢你的产品的主要原因。记住，我们关注的是客户。所以，即使你可能列出了体现你品牌的创新精神等特点，但消费者也只关心产品能做什么。
- **特性**。这些是你的产品的具体细节，以及你相信产品具有重要好处的原因。

你永远不应当把层级视为硬性的脚本，而应当把它视为你用来介绍产品的故事。显然，背景是会变的，你的员工应当把故事做些改编，以适应背景的变化。即使如此，信息层级至少能让每个人明白他们应当如何介绍一款产品。

信息层级需要数周或者更长时间才能形成，这一点儿都不奇怪。这些实践往往会产生惊人的效果，不仅仅因为它们使营销人员无法隐藏产品的缺陷。但最终，它们是帮助每个人了解他们应当说什么以及为什么这样说的好工具，即使你的客户总能把讨论带到不同的方向上。

对你有效吗

没有共同愿景的企业是不会有良好发展的。为了确定你的共同愿景是好是坏，还是正处于恢复期，问你自己以下问题。

- 我们的组织是否有清晰的目标？
- 我们组织内部的团队应当如何支持这些目标？这一点是否很明确？
- 我们是否有项目成功的标准？这些标准能否指引我们达成更重要的目标？
- 我们是否知道为什么要做我们正在做的事情的原因？
- 我们公司中的“竖井”问题有多严重？
- 我们是否有消除“竖井”的方法？
- 接触点地图以及类似的工具对我们的组织有效吗？
- 全公司的员工和代理公司的合作伙伴是否都关注那些能够一步步实现整体商业目标的目标？
- 作为一个组织，我们如何为未来制订计划？

思想领袖的观点

大多数营销人员都想实现那些在高水平公司工作的同行的收入目标，有些营销人员的正式奖金会与每年的绩效考评挂钩。但是对于很多首席营销官来说，公司几乎不会去衡量他们个人对这些结果的贡献，尤其是在美国和欧洲地区。

摘自福瑞斯特咨询公司于 2014 年 9 月发布的报告

《为了实现有效的数字营销，首席营销官需要做什么》

当你的共同愿景不是驱动品牌成长的时候，你可能会把精力集中在促使一些了不起的计划获得成功。你可能会有非常棒的计划，它可能会很成功，而你却失去了很多基础，以至于最终结果无益于品牌。

菲利斯·杰克逊

宝洁公司市场研究部北美地区副总裁

人们非常不愿意为自己无法控制的事情承担责任。但在高管层中，绝不应当让某个人承担责任，直到他愿意把指挥棒交给下一个人，因为交接之处就是所有麻烦和误解的存在之处。

乔希·詹姆斯

Domo 公司创始人和首席执行官

在戴尔公司工作期间，我学到的一件事是，当执行以客户为中心的战略时，只有各个团队实现协调一致才能推动这一战略的实施。如果有一个团队在策略或者能力上遥遥领先，而其他团队没有，那么你就可能会为客户制造不和谐。

萨姆·德尔克

Clearhead 公司主席、企业家、投资人

共同愿景与整体广告活动之间存在差异。我们评判整体广告活动的标准通常是它为每个渠道提供匹配的任务的能力。共同愿景就像为品牌指引方向的北极星，它非常重要。而合作的每家代理公司都应当运用它们的专业技能，全力以赴地工作。这使它们能够把整体的愿景传递给它们最了解的渠道。

丹妮尔·霍利（Danielle Trivisonno Hawley）

POSSIBLE 美洲公司首席文化官

广告就像骑双人自行车：如果两个人没有一起蹬车，骑起来就会比较困难。尽管我在前面用尽全力地骑，而你可能会在后面休息。或者当你想要转弯时，你可能会走错方向。谁知道呢？重点在于这对每个人来说都很困难。市场上的广告太多了。每天，人们都能看到 2600 个不同的广告。你们必须齐心协力才能走出困境。

基兰·汉农

贝尔金公司首席营销官

达成共识是组织共享其愿景的重要组成部分。当客户的努力在内部和外部都一致时，我们就在实践层面上获得了效率，在战略层面上获得了明晰和动力。正是在这个层面上，

我们开始看到涌现出来的机会，并让组织获得最大的成功机会。

安德斯·罗森奎斯特（Anders Rosenquist）

博士、战略专家、POSSIBLE 公司新兴媒体总监

我们的做法（由于我们引入了很多第三方合作伙伴）是让它们与我们达成共识。对于那些被纳入客户渠道业务的 30 家供应商来说，我们不可能有 30 种不同的文化和 30 种不同的工作方式。我们需要它们以适合我们的方式工作，而不是反过来。

克里斯·斯克金斯（Chris Scoggins）

英国国家铁路咨询网（National Rail Enquiries）首席执行官

缺乏整体战略会让我们发现，我们正在通过我们的分销渠道用相同的产品争夺相同的用户。

斯科特·勒克斯

迪赛公司电子商务及多种渠道部门副总裁

如果客户能让我们全面了解他们的长期和短期商业目标以及他们的弱点和面临的挑战，我们就能够尽我们最大的努力为他们提供服务。有了清晰的目标，我们就能根据目标进行衡量和优化，能够客观地评价我们的创意，并在需要时做出改变。与我们合作关系最牢固的客户是那些除了尊重令人激动的创意，还尊重定性数据和定量数据的客户。

莉兹·瓦伦丁（Liz Valentine）

Swift 公司[①]联合创始人和首席执行官

问题在于那么多的组织独立于其公司架构，以至于当执行一系列的营销活动时，商业目标可能会与真正的商业需求脱节。设定的目标无法带来真正的商业价值。形成共同愿景旨在让包括公司内部的利益相关者、代理公司和其他所有人就最终的商业目标达成共识。

德雷恩·布朗

POSSIBLE 公司欧洲、中东和非洲地区首席执行官

---

① Swift 公司是 POSSIBLE 公司的一家代理公司。

数据激发创意 03

DATA INSPIRES CREATIVITY

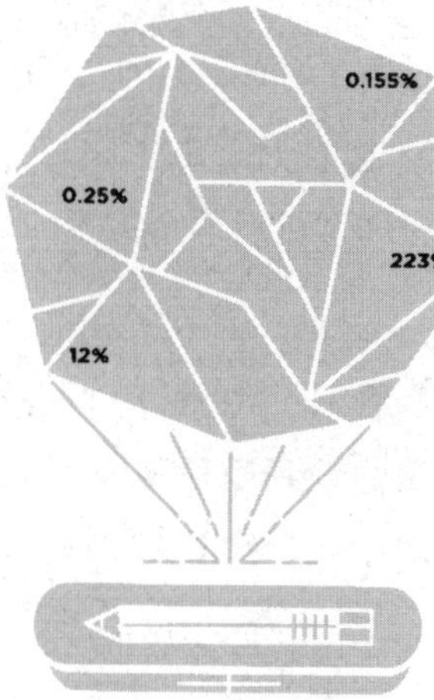

有创意的人常常对数据感到恐惧，而且他们有时可能是对的。根据以往的经验，营销人员主要利用数据检验和核实项目，而这只会扼杀创意。另一方面，我们不愿意任用那些有影响力，却只凭直觉行事的创新型管理者。相反，我们相信数据能够激发创意，鼓励大胆的想法，让你在面对主观反对时坚持自己的愿景。所以，你必须学会如何正确地使用数据。

数据带来的威胁

2009年，谷歌第一任视觉设计总监道格·伯曼（Doug Bowman）以惊人的方式提出了辞职。他认为自己的工作受到了太多干扰，而他无法再忍受下去。于是，他发表了一篇题为《再见，谷歌》的600字声明。在声明中，他抱怨公司习惯于对一切都进行逐个像素的测试。

“是的，谷歌的团队真的没办法在两种蓝色之间做出选择，”他写道，“于是，他们测试了41种不同深浅的蓝色，看哪种蓝色的效果更好。最近，我们争辩的焦点是边框到底是用3个、4个还是5个像素作为宽度，而且还要我证明我的选择是最好的。我无法在这种环境中继续工作下去了。”

大多数设计师不必担心公司会测试50种不同深浅的灰色，因为他们不可能这样做。如果每周只有1000人访问某种数字体验，那么你无法获得具有统计意义的数据。这些数据除了能够测试主要要素之外，其他什么也测试不了。你可以查看某次用户行为号召的执行情况，但当你深入探究一个次要图像的亮度或者一个标识的像素宽度时，你无法在短时期内得到明确的答案。

这也就是说，成功有其特权。谷歌每个月有1150亿的搜索量，用户数量达到了15亿，因此它几乎可以测试它想测试的一切，而且这样做是正确的。有了这样的规模，即使很微小的改变也能带来巨大的回报。谷歌也具有以数字说话的文化倾向。它的广告定位算法是世界上最好的算法之一，为广告商提供了复杂的定位和测试工具。这家公司不仅非常善于应用数据，而且还可以让数据发挥巨大的作用。

这可能就是在最初的七年中，谷歌公司没有一位受过正统培训的设计师的原因。非常有趣的是，谷歌公司的第一个标识是由其创始人谢尔盖·布林（Sergey

Brin）设计的，它和今天使用的标识非常相似。谷歌公司没有依赖设计专家，而似乎是通过增量测试来做出有关用户体验的决定。想要改变什么吗？那就对改变进行测试吧。如果改变有效，那就去实施；如果无效，那就从头再来。

这种迭代的方法可能不会产生视觉上的震撼效果，却能够帮助谷歌公司构建一些最好的用户体验。遗憾的是，这是受过正统培训的设计师所痛恨的事情。优秀的设计师会提出大胆的想法，包括线上和线下所有性能的改变。他们的目标不是让某个单一的网页元素表现得更好，而是形成一个一致的系统，这个系统的实际效果会让一切都变得更好。

伯曼显然被这种运用数据的方式激怒了。从《再见，谷歌》这份声明的结尾处，你能感受到他的沮丧：

> 每个决策都可以被还原为一个简单的逻辑问题。为了消除所有的主观性，谷歌只看数据。数据支持你的想法吗？好，那就应用它们。数据显示出负面影响？那就从头开始。事实上，数据变成了每个决策的拐杖，这会使公司陷入瘫痪，妨碍公司做出任何大胆的设计决策。

这可能有些言过其实了，因为你做得多并不意味着你不应当做。数据不同于海洛因，一点点就会引起很大反应，让你上瘾，无法逃脱。相反，你必须有一套原则和战略作为指导。正如我们在《可行性网站分析》一书中所写的那样："重要的是，不要对分析在短期内能做的事太兴奋。没有全面策略的分析就像一艘没有船长的船。大副、水手和其他所有人都可以对船的航行做出微小的改变，但长此以往，他们最终可能会使船搁浅。"

公平地说，谷歌在数据应用上是成功的。伯曼后来成了 Twitter 的创意总监，也构建了非常棒的用户体验。两种方法都各有优点。但是想象一下，如果你能结合使用它们，并且有相同的目标，那么你可能会有更大的发现。

有创意的人无法凭空想出好创意。类似“数据是邪恶的”等这种态度都是错误的。最好的工作是那些在你开始执行它们之前就已经做了研究和了解的工作。最好的创意往往来自对你正在尝试解决的问题的深入理解或者对受众的真实需求的熟知。数据不是关于什么是正确或者错误的答案，它只是你了解最终能够启发你、鼓励你的一种方法。

乔恩·麦克维（Jon McVey）
POSSIBLE 公司首席创意官

创意需要数据支持

数据并不是创意工作的天敌，只是它们没有被正确地应用。

为了明白其中的原因，让我们看一看在缺乏数据的情况下，创意是如何产生的。假设你是一家大型代理公司的客户主管，你的一位企业客户想要获得一种新的数字战略。你和你的团队进行了一番研究，讨论如何能够满足客户的需求，而且你要求团队成员尽其所能。这通常意味着你提出了很多想法。

你以为这会鼓励他们提出大胆的想法，毕竟在品牌和客户的限制内，你们拥有充分的自由。没人说你不能做什么，而且对于那些需要解决的问题，你也没有解决方案。

遗憾的是，这个过程忽略了营销讨论中的一个重要因素：人的决策过程。我们很喜欢宣扬创业心态和全力以赴，但是那有违人的本性。一旦人们参与进来，自由就会遇到以下很多问题。

- **自我审查**。有创意的人常常会为某个想法构建出大量的概念，其中有些概念确实存在。他们迟早要决定将哪些概念呈现给创意总监。有时，尤其是在比较保守的情况下，他们会剔除那些最大胆的想法。
- **管理层的审查**。中间人（比如项目经理）也会在这些有创意的想法被提交给决策者之前对它们进行评估。因此，他们的反馈不是基于他们喜欢什么，而是基于他们认为上级会喜欢什么。在决策者看到这些想法之前，好想法可能已经被枪毙了。

- **大人物介入**。最终，大多数没有数据支持的设计决策是由房间中说话声音最大的人做出的。我们将这种情况称为“大人物综合征”。一般情况下，这并不会导致灾难的发生，因为最响亮的声音可能来自一位梦想家，比如史蒂夫·乔布斯。但是，这个人在年龄、收入和生活方式等方面往往与目标受众相去甚远。这种人可能有很好的直觉，但他们通常不会这样做。

数据对我们能有什么帮助呢？首先，正如我们将在下文中看到的那样，它既能够帮助你激发和产生好想法，也能够帮你培养说服那些不愿接受这些想法的人的能力。了不起的想法往往非同寻常或者具有冒险精神。因此，你不必尝试从美学角度或者在争辩中说服对方，你可以提供数据。这有助于那些不情愿的人接受大胆的想法。

例如，2013 年，一家大型电子产品公司找到我们，想请我们为他们的高分辨率显示器制作一条视频。我们进行了一些调查研究，并对产品的潜力进行了深入挖掘。产品的一半受众是那些喜欢拥有最好技术的人，另一半受众是从事创意工作的人，比如摄影师和插画家，他们确实需要用这种产品来做他们喜欢做的事情。最终，我们意识到这两类受众有着完全不同的动机，一类关心的是产品酷不酷，另一类关心的是产品是否能实现他们的想法。同时满足两类受众需求的创意一定会缺乏说服力。我们知道，为两类受众各提出一个好创意的效果可能会更好，因此我们提议做两条视频而不是一条。

正常情况下，一家代理公司对客户提要求这样的事情是不可能发生的。但是，在我们的沟通中，客户看出我们有了重要的发现。幸亏有那些数据，客户向其公司内部阐述了我们的方法。最终，我们制作了两条视频，每条视频都源自完全不同的创意。两条视频的反响都不错，负面评价率都不到 1%。

DOES IT WORK?

我曾经不得不适应数据。它其实并没有那么吓人，也不必那么吓人。对数据的恐惧是艺术家不去应用它的原因，数据对他们并非没有用，真正的原因或许是他们根本就不理解数据。

马特·梅森（Matt Mason）
BitTorrent 公司首席内容官

主观干涉的问题

缺少数据支撑的过程一直存在一个问题。例如，在五千年前的苏美尔（即今天的伊拉克），一名即将完成一天忙碌工作的石匠正在墙上蚀刻象形文字[①]。他凿刻着墙面，记录下这个季节的天气，他的老板凑过来说："埃库尔，你知道吗？我真的不喜欢你用象形文字来描绘山的方式。它让我……我该怎么说呢……觉得太平坦了。我想要更能描绘垂直度的象形文字。埃库尔，我们说的是山，它应当比其他东西更大，对吗？"

石匠可能会争辩说，是的，描绘山的象形文字可以更高耸一些，但是这可能会让这幅作品的整体构图受到影响，对山的过分关注与其在整体设计中的相对不重要性并不相匹配。石匠可能在争论中并不占优势。幸运的是，除了发明了最早的书写体系之外，苏美尔人还发明了啤酒。从此，埃库尔可能会做像其他有创意的人所做的事：和几个同事一边喝冰镇啤酒，一边抱怨老板的愚蠢。

在任何创意工作中，主观评价都是一个巨大的挑战，尤其是在数字创意中。即使你认为我们这些数字工作者在做事时会很有逻辑，个人意见也依然很重要。在某些时刻，这些个人意见会突然出现，而且可能会造成巨大的伤害。

最严重的问题都是以缓慢、隐匿的方式发生的：某个创意受到了一群人的抨击，每个人都要求在项目执行过程中对其进行微小的改动。创意工作者将这种破坏称为"弗兰肯斯泰因式改造"。在典型的弗兰肯斯泰因式改造过程中，一开始你有一个清晰、完整的想法。然后，你突然需要增加一个按钮或者长文本，或者创建一个新的部分。有人会说："那只是小小的改动。"但是，这些增加的"小改动"迟早会形成一个怪物。

你可能还记得一个名为《微软重新设计 iPod 包装》的视频，它就是最好的例子。改变最初是从原始包装的明快线条开始的。最终，外包装上布满了繁星图案、特别优惠信息和令人费解的营销宣传语。最终结果相当糟糕，而且很容易让人想

① 苏美尔人发明了一种文字，这种文字被认为是世界上第一种文字。

起当时大部分软件公司都普遍采用的包装方式。当这段视频的来源被发现时，人们都很惊讶。它是由微软包装设计师制作的，原因是他们受够了内部客户对他们作品的弗兰肯斯泰因式改造。有趣的是，他们的观点如今在那些制造美丽事物的公司中也普遍存在。

数据如何能真正地起到好作用

2013 年 2 月 1 日，一部名为《纸牌屋》的连续剧在串流视频服务平台 Netflix 上首播。该剧由大卫·芬奇（David Fincher）导演，凯文·史派西（Kevin Spacey）主演，一上映就引起了轰动。在首播的几个月后，《纸牌屋》在备受欢迎的互联网电影资料库（Internet Movie Database，IMDb）上的评分达到了 8.8（满分 10 分），超过 65 000 人为它评了分。这些数字使该剧拥有了像《阿凡达》（*Avatar*）和《黑道家族》（*The Sopranos*）一样的成功。有人说，《纸牌屋》的成功是早有定数的事。他们为什么会这样说呢？因为 Netflix 利用它所收集的观看者的大数据判断出了他们可能喜欢看什么。换句话说，数据指引了创作方向。

这种方法产生了强烈的反响。“什么？”有人问道，“你用数据制作出了我爱看的电视节目？”有些人认为，全世界的观众都将变成一群僵尸，做着大数据让他们做的任何事情。

事情并不是这样的。首先，像谷歌一样，Netflix 拥有大量的数据。目前，它在全球拥有 3300 万用户，并且通过广泛分布的网络收集数据。2011 年，一位评论员写道：“Netflix 为每部可观看的媒体资产存储了 50 个不同的文件，包括每部电影的 3 份拷贝、10 年的用户评分以及大量的用户账户信息和元数据（包括所有内容复杂的许可权）。”而且，Netflix 还记录了“用户行为”，其中不仅包括人们在一天中观看恐怖电影的时间（不是在早餐前）和观看搞笑节目的时间，还有你什么时候开始观看或者停止、你会回看什么内容以及你会选择使用电视还是 iPad 观看等。Netflix 甚至还通过浏览盗版电影网站来了解流行趋势。从理论上看，这让它对人们的娱乐品位有了深入的了解。

Netflix 为什么要这样做？答案就是为了营销和客户服务。如果观看者倾向于在晚上看惊悚片、在早上看连续剧，那么你就会知道在一天中的不同时段应当为他们推荐什么。如果 Netflix 知道你看过《我的车在哪里》（*Dude, Where's My Car*）这部电影并给了很高的评分，那么他们就知道你可能更喜欢《抢救肯尼小子》（*Half Baked*）这类电影，而不是电影《理查三世》（*Richard III*）的导演劳伦斯·奥利弗爵士（Sir Lawrence Olivier）。事实上，他们可以利用这些数据提供更多的相关广告。

如果你对 Netflix 的做法有异议，或许你应当再读一读你最喜欢的网店的使用条款。[①]几乎每一家电子商务网站都会采用类似的技术来增加销售，并且为用户创造更好的体验。但是，有趣之处在于，对于《纸牌屋》这部剧，Netflix 并没有主动地使用数据来为内容提出建议，而是积极地使用数据来确定其用户希望在未来看到什么。正如《纽约时报》上的一篇文章所说：

> Netflix 已经知道，电影《社交网络》（*The Social Network*）的导演芬奇先生的作品从始至终都占据着健康的市场份额。而史派西先生主演的电影和英国版的《纸牌屋》一样，始终都有不错的表现。有了这三个兴趣圈，Netflix 就能够画出维恩图，其中的交集说明购买这部剧是在原创节目选择上做出的一个好决定。

换句话说，他们知道他们的用户一般都会喜欢史派西的表演，喜欢芬奇的作品[②]，而且对英国版的《纸牌屋》也很感兴趣。他们还知道，喜欢芬奇的人也喜欢史派西，所以如果他们喜欢这两个人，通常就会喜欢像《纸牌屋》这类剧（在统计学中，这被称为强相关性）。基于这些信息，Netflix 的高管们为两季《纸牌屋》投入了 1 亿美元。对于在选择原创节目方面没什么经验的公司来说，这是一次豪赌。不过由于 Netflix 是一家数据驱动公司，做出这个决定是合情合理的。

然而，这种方法并没有被普遍接受。很多批评人士关注的不是 Netflix 实

---

① 我们将在第 9 章中探讨营销人员如何应用此类数据并制定目标。

② 芬奇实际只导演了《纸牌屋》的前两集，他为这部剧定了调。

际的做法，而是可能存在的数据滥用。最强烈的反对声来自安德鲁·雷奥纳德（Andrew Leonard），他在《沙龙》（*Salon*）杂志中写道，这种趋势几乎预示着创造力的灾难。如果大数据将决定对一档节目、一位导演和一位演员的选择，那么什么会阻止一家公司决定某档节目是采用快速剪辑还是高饱和摄影技术？还有什么能阻止它将所有创意决策都建立在对过去成功经验的详细分析的基础上？我们还会看到像《绝命毒师》（*Breaking Bad*）这样具有突破性的电视剧吗？这部剧让我们看到了过去没看过的东西。

"我认为这种做法对 Netflix 的财务状况是有利的，"他写道，"但是从何时起，我们从快乐的订购者变成了一个没有脑子的木偶呢？"

解决问题的简单方法就是你可以关掉电视，拿起一本书。我们还认为，雷奥纳德严重曲解了 Netflix 的所作所为。Netflix 根本没有参与关于创意的争论，它的高管们没有说过有着短小精辟的对话的电影会比那些有着长篇有哲理的独白的电影更成功。事实上，与雷奥纳德所说的正相反，《纸牌屋》中确实有凯文·史派西与观众大量的直接对话，这是对英国版本的巧妙借鉴，但这种做法在美国电视节目中非常少见。这是无法用数据反映的。Netflix 只是用数据设定了一些宽泛的创意指南，这些指南实际上比芬奇导演在其职业生涯早期所遇到的更宽松[①]。

DOES IT WORK?

人们往往认为测试、数据分析和量化分析意味着直觉的丧失。对 N 种蓝色进行测试通常是一种令人痛恨的做法。事实上，我总是在公司内部说数据能够激发创造力，因为我们将引入更多的人，而不只是"专家"，我们会让他们去做事情、提出他们的想法，并让他们激励团队进行创新。

阿维纳什·卡希克
谷歌和 Market Motive 公司的营销布道者
《精通 Web Analytics 2.0》一书的作者

使用相同的方法，数据（或者更确切地说，从数据中收集的洞见）有助于驱

① 比如《十二宫》（*Zodiac*）这部电影，因为制片人的干预，这部电影比芬奇预期的拍摄长度要短。

动几乎任何形式的创造力。通过为成功设定轮廓，数据能够释放出创意团队的创造力，让他们去做他们最擅长的事，并且让他们相信自己所做的事情很可能会受到认可。现实是，没有人想失败。他们想要提前知道成功是什么样的，尤其是如果你没有以最重要的方式限制他们的话。这样，数据赋予创造力以自由，而不是打败它们。

Netflix 的成功基于以下一些简单的规则，这些规则对任何想运用数据来赋予项目灵感的人和企业都有一定的指导作用。让我们来具体看一看。

聚焦于重大创意

你无法对创意进行微观管理。那没有用，相反，你必须把数据提炼成简单、易于理解的洞见。你不能把一堆电子表格交给创意人员，然后期待奇迹发生。你必须给出一个他们可以利用的、单一的、真实的陈述。

你也不应当拘泥于细节。例如，2013 年雅虎公司设计了一个新商标。为了完成新设计，公司明智地决定要进行一项调查，以了解人们可能喜欢什么。

他们犯的第一个错误是只调查了员工。员工通常反映不了用户的意见。接下来，他们使用了一些基于自我报告的狭隘问题，这在数据业务中是不允许的。其中一个问题是问人们是否喜欢衬线字体。大多数人都回答不喜欢。

这样带有引导性的问题非常多，尽管它们源自调查。这几乎把一半的印刷字体都排除在外，仅仅因为人们觉得商标看起来太过时了。衬线字体并没有导致破坏一种创意方向，它们只是表示一种印刷字体的类别。与雅虎公司的想法正相反，它们也不一定过时了。例如，奥多比公司（Adobe）的加拉蒙字体（Garamond）是一种很受欢迎的衬线字体，是在雅虎公司最终选择的 Optima 字体（它也是备受人们喜爱的一种字体）出现 30 多年后才被创造出来的。创意需要比这更多的自由。①

① 然而，从某种意义上看，新商标的效果非常好。有关它的讨论和争议使雅虎获得了大量的免费宣传。没有人关注设计，但人人都在谈论它。

新设计受到了很多专业人士的严厉批评。虽然从长期看，它没有对雅虎造成伤害，但是这肯定不是积极的一步。

Netflix 的方法要好得多。该公司使用了数据，却提出了一个相对简单且聚焦于重大创意的观点，而指导原则就是芬奇、史派西、政治复仇剧情和电视连续剧。这些指导原则允许电视剧创作者在广阔的范围内工作，比你在电影和电视剧制作者为投资者进行的推介中所看到的范围更广。

授权

一旦你为项目确定了指导原则，你就可以尽情让创意发挥作用了。这是非常重要的。与某些人的想法相反，数据既不会提供错综复杂的创意方向，也不会提供解决方案。它只能告诉你以下几件事。

- **什么是无效的或者什么可能无效**。数据当然能够指出那些令人失望的事情。它能告诉你你的数字很低，人们不喜欢你正在做的事情，或者你在某些地区比其他地区更受欢迎。了解这些信息可以帮助你推断出什么在未来是无效的。
- **什么是有效的或者什么可能有效**。这是前一个观点的另一面。你能明白自己做得怎么样，以他人的业绩为基准衡量自己正在做的事，了解自己是否有改进的空间。数据还能告诉你，你的用户喜欢什么以及他们想要更多地看到什么。
- **为什么有效或者为什么无效的假设**。当 Netflix 使用数据来制作《纸牌屋》时有一个假设，那就是假设史派西和芬奇的合作会成功。这并没有证据。这种合作是有可能失败的，他们可能志不同、道不合，可能合作不愉快，还可能提出糟糕的创意。你无法通过这种成功来判断这部剧会成功，你必须意识到始终存在着失败的可能。也就是说，数据让 Netflix 相信，比起随机选择，《纸牌屋》失败的可能性更小。
- **了解你的受众，激发创意**。Netflix 获得的洞见非常适合激发才华横溢的创意。这种洞见简单却富有洞察力，它能够使创意人员了解受众想要什么以及他们如何才能满足受众的需要。

数据永远不会告诉你如何解决一个问题。人们仍然需要想出绝妙的创意。Netflix 的高管明白，具有某些特征的电视剧可能会获得成功，但是他们也知道自己不是电影制作者。所以，他们给芬奇开了绿灯，允许他以他认为的最好方式来制作这部剧。同样，一旦你的数据表明了方向，你就应当相信它。你所给出的指示不应再是一连串主观的要求，而是客观想法的一个框架。只要你的创意团队忠于这些指示，那么他们就应当有自由去做他们最擅长的事。

剑与盾

在我们公司，有时我们会用“剑和盾”的比喻来讨论数据和创意。“剑”指的是数据如何有助于支持那些非常大胆的方法。“盾”帮助你保护创意免受主观的干扰。

当然，你必须愿意让数据说话，有时它会告诉你一些你不想听到的事情。那正是略特·里斯（Rhett Reese）和保罗·韦尼克（Paul Wernick）的命运，他们写了迄今为止最成功的僵尸电影之一《僵尸之地》（*Zombieland*）的剧本。他们想把这个故事拍成电视剧继续下去。这个项目得到了亚马逊视频流媒体服务平台（Amazon Prime Video）的大力资助。该平台宣布，它将对试播节目进行在线测试，允许用户免费观看，然后它将处理收集到的数据。当时，该平台认为影迷们会非常喜欢电视剧版的《丧尸乐园》，会想继续看接下来的故事。

DOES IT WORK?

> 与我合作过的最有创意的天才更多的是把数据当作剑，而不是盾，即用数据支持他们最大胆、最具颠覆性的创意，这样他们就有机会在厌恶风险的环境中看到光明。
>
> 杰森·卡梅尔（Jason Carmel）
> POSSIBLE 公司营销部门全球高级副总裁

遗憾的是，事情并没有这样发展。试播节目只收到了 5500 条评论，而且其中有 1200 多条评论只给了一颗星或者两颗星。这就是网络世界，影迷们发表了大量带有恶意的评论。亚马逊最终认定，这部电视剧不太可能获得成功，而支持了另一部与其竞争的电视剧《阿尔法屋》(*Alpha House*)。这部电视剧得到了较好的评分。里斯特别难以接受这个决定。“我永远无法理解《丧尸乐园》那些死心塌地的影迷们为何会这么讨厌试播节目,”他在 Twitter 上写道,“你们成功地把它讨厌没了。”

如果你以剑为生,有时你会因为它而死。

DOES IT WORK?

> 现在你看到的是,有创意的人都开始拥抱数据了,因为你可以尝试更多的创意,可以更快地看到哪个创意真的有效。这样做,你能够增加创意产出,这真的很令人激动。艺术与科学携手让我们能够产生更多的创意,这是因为你拥有数据,数据能够帮助你认识到什么是有效的,并且给你反馈。接下来,它能赋予你找到下一个创意的灵感。
>
> 约拿·帕瑞蒂
>
> BuzzFeed 公司创始人和首席执行官

保卫创意

每个人都喜欢扮演创意总监的角色,坐在扶手椅上指指点点。无论你写的方案有多好,主观意见总是会来捣乱。在这种情况下,你需要使用数据作为盾,来保护你的创意。如果你想要证明某事有效或者无效,你就需要充分的理由。

例如,我们的一位客户花重金聘请了一位明星做代言人,他们自然希望我们把这位明星纳入他们的数字资产中。有什么问题吗?明星与品牌是脱节的,我们的团队认为专注于产品会更有意义。于是,我们做了一些用户调查,向我们的客户提交了关于这一点的充分的数据。事情一开始很顺利,直到某位高管注意到我们没有突出那位大明星。“那位明星在哪儿?”他怒气冲冲地问道,“我们为那个家伙付了一大笔钱,所以我们应当好好地利用他。”如果没有数据,我们的创意团队将不得不唯命是从,推翻重来。但是,我们的理念有可靠数据的支持,因此我们得以坚持了我们的观点。

数据能够激发创意

2011 年，作为布莱顿大学（Brighton University）产品设计专业的学生，艾米丽·布鲁克（Emily Brooke）偶然看到了一份统计资料，资料说明了数据是如何激发绝妙创意的。

当时她正在读大四，与她的同学一样，她的毕业设计作业是完成设计一款新产品的全流程。作为一位狂热的骑行者，她想做一些关注自行车安全的事情。于是，她花了 6 个月的时间向公共汽车公司、统计学家、汽车驾驶心理学家和其他骑行者做了一些调查。

“有一个统计数据给我留下了深刻印象，启发我开始了这个项目，”她说，“当汽车撞向骑车人时，79% 被撞的骑车人正在直行。我想让骑车人能够被看到。一次，我骑着车在镇上闲逛，我突然意识到，我前面的一辆白色小货车的司机根本看不到我。如果他那时突然转弯，我可能会被压扁。我希望那是我在 5 米开外。那是我的顿悟时刻。”

受到这个数据点的启发，艾米丽想出了一个很棒的创意：在她前面的人行道上用激光投射出鲜绿色的自行车图像。她制作了一个产品原型，并于 2012 年秋天在众筹网站 Kickstarter 上发布了这个项目。时至今日，公司已经在全球范围内卖出了数千盏激光灯。

对你有效吗

如果使用得当，数据是创意最好的朋友，或者至少是创意可信赖的保镖。它可以绕开主观意见，把注意力集中于那些有潜力获得成功的领域，并且能够让那些聪明的人充分发挥他们的想象力。以下是一些需要我们思考的事情。

- 我们的组织是否主要将数据视为一种评估工具？
- 们是否只是在用数据限制我们的创意人员，否定他们的想法？
- 我们是否运用数据为创意确定关键的见解？
- 一旦我们找到了真知灼见，我们是否会让路，并且授权创意人员做他们最擅长的事情？

- 我我们组织中的创意人员是否会寻找数据，来更好地了解市场、受众和竞争对手等？
- 我们是否给创意人员提供了源自数据的可付诸实践的洞见和故事，还是只给他们提供了原始数据？
- 我们是否用数据来抵抗主观意见的干扰？

思想领袖的观点

数据始终存在于创新和有创造力的世界中。在亚洲，企业越来越希望基于数据创造出最棒的设计体验，这种体验能将最引人注目的品牌参与和战略作为一种竞争战略。这一切发生的前提是数据被提炼成最简单的人类真理，而且人们会围绕这个事实提出能够改变品牌和业务的创意。

保罗·苏恩（Paul Soon）

POSSIBLE公司亚太地区首席执行官

数据驱动着我们所做的一切。我们的创意不仅来自分析团队提供的定性数据，而且还来自我们的规划与社区管理团队提供的消费者洞察。我们常常以真实的方式挖掘现有的社会行为，这些行为可能会被规划与社区管理团队发现并提升，然后被我们的分析团队证实重要性。星巴克的#sipface广告活动就是一个很好的例子。

莉兹·瓦伦丁

Swift公司联合创始人和首席执行官

从定义上看，传统的代理公司是创意驱动型组织，而数字代理公司通常是企业家创建的，而且是结果导向型组织。关键在于要将这两者结合起来。这并不是一种流行的做法，但我认为应当这样做。

马克·里德

WPP集团Digital公司首席执行官

我常常看到创意人员回避数据。他们担心自己受到数据的局限。他们必须接受数据，必须知道如何利用数据来激发他们的创造力。或许更重要的是，他们要学会利用数据构建出说服决策者支持他们的创意的理由。如果你接受了数据，你不再只是关注获奖，而是开始关注改变行为和影响生活。

丹妮尔·霍利

POSSIBLE 美洲公司首席文化官

要说服客户冒险，你不能只是基于直觉提出你的想法，还要用数据来支持和帮助你向他们传递直觉清晰地告诉你的想法。

卢卡斯·佩翁（Lucas Peon）

POSSIBLE 公司执行创意总监

数据本身是孤立存在的，它是一个点。我们正在从数据中寻找真知灼见。这些真知灼见可以来自任何地方，无论它们是定性的、定量的或者人种学的，还是来自社会对话、数据挖掘和人口普查等。所有数据都很重要。

菲利斯·杰克逊

宝洁公司市场研究部北美地区副总裁

得到数据支持的创意在经济衰退的市场中尤为重要，比如中东欧地区，在那里，客户预算被大幅削减。客户需要并且也应当知道他们能够从你的创意中获得什么，这些创意不是陈词滥调，而是需要更多的证据支持。数据、创意和艺术的完美结合才能够产生出色的项目。

克里斯蒂安·托斯（Krisztian Toth）

CarnationGroup 公司首席执行官和首席创意官

当你发展到一定规模，如果不使用数据，你将无法成长得更快。数据是根本。但我认为那些天真的、具有颠覆性的、有趣的或者特别棒的创意也同样很重要。离开了创意，数据将毫无价值。

雷内·莱彻曼（Rene Rechtman）

Maker Studios 公司总裁

数据是帮助我们了解人类行为的一种方法。我们运用数据的众多方法之一是用于社区管理实践。通过数据，我们不仅可以发现用户趋势，而且还可以在受众与品牌的实时互动中了解什么能引起他们的共鸣。

艾丽西娅·麦克威（Alicia Mcvey）
Swift 公司联合创始人和首席创意官

数据能够让组织释放出更多的创造力。然而，有一种奇怪的理念，那就是如果你定量地分析每一件事，你就是试图在限制创造力。但是如果你正确地使用数据，它们就可以激发更多的创意，并且让用户帮助你认识到哪个创意能够满足商业目标。如果你使用得当，我认为数据能够激发出巨大的创造力，而且它并不像人们认为的那样是一个威胁。

阿维纳什·卡希克
谷歌和 Market Motive 公司的营销布道者
《精通 Web Analytics 2.0》一书的作者

数据有助于我们证明，那些不在客户舒适区内的创意提议会对他们的受众产生作用，并且能够推广品牌。在俄罗斯，我们能够证明为三大主要社交网络（即 Vkontakte、Odnoklassniki 和 Facebook）进行的广告活动的创意和执行是非常不同的。

安德雷·阿尼先科（Andrey Anischenko）
Grape Digital 公司[①] 首席执行官

任何创意过程的领导者既需要勇气，又需要率性。本应诚恳的商谈常常会变成过度干预。太多的人想要伸手，太多的观点让很多显而易见的事情变得模糊。加一点这个，加一点那个，创意工作有遭受弗兰肯斯泰因式改造的风险。这还使整个创意过程变得相当无力，它的产物……只不过是一种妥协。最有经验、最有创意、最精明的领导者一定会独立行事，独立地做出工作中的决定。

迪安·阿拉贡
壳牌石油公司全球品牌副总裁和首席执行官

① Grape Digital 公司是 POSSIBLE 公司的一家代理公司。

过去，数据和创造力并列提及就像是说营销只与电视广告和版本测试有关。当然，它们也是营销的一部分，但我们难道没有更进一步吗？聪明的创意人员正在利用数据拓展他们的思维，并促使客户愿意冒更大的风险，而不是更小。这就像政客们如何使用民意调查一样。有些人用数据来保证稳妥，有些人用数据来驱动日程。这完全取决于谁掌握着数据。

随着数据变得越来越容易获得并且越来越复杂，我一定要把数据和洞察引入创意过程。你需要那些能够将数据转化为洞察和故事的人，而不是那些把电子表格或仪表盘扔给创意人员的人。聪明的创意人员意识到了数据的重要性，而不再认为数据会夺走他们的权力或者限制他们。

尼克·奈安（Nick Nyhan）
WPP 数据联盟首席执行官
WPP 集团凯度公司（Kantar）首席数字官

我们是否能弥合营销人员与数据科学家之间的鸿沟，让他们以一种富有成效的方式进行合作？当你把具有各种技能的人，无论是设计师、营销人员，还是数据专家召集在一起，共同解决问题、进行沟通并且可以理解彼此的时候，奇迹就会发生。

麦克·弗雷德根（Mike Fridgen）①
Decide.com 总裁和首席执行官

创意是情感的支柱。我们喜欢大谈特谈数据，并且坚信数据驱动着体验，但是创意才是真正的回报。创意是你与受众之间的情感联系。无论你的数据有多好，情感都是最终的回报。

约翰·梅勒（John Mellor）
奥多比公司业务发展与战略部门副总裁

① Decide.com 已经被 eBay 收购。

寻找独角兽 04

FINDING UNICORNS

天才们，如果让你说出一件令首席营销官感到烦恼的事情，那既不是愿景、预算，甚至也不是时间，而是他们获得成功所需要的聪明人。杰出的数字人才与之前那些在营销部门或者传统广告代理公司中工作的人有着很大的不同。杰出的数字人才不是暴君，也不是妄自尊大的人。他们不一定都是天才，但他们相信过程，而且知道如何让事情有效。

数字化是一种思维定式，就像一种技能定式一样。世界上有很多人擅长做这件事。你需要的人不一定有营销学的相关学历或者技术背景，也不一定才华横溢或者傲慢自大。你需要有热情、有好奇心、有创造力、有能力超越自我并且愿意与团队协作的人。我们称他们为独角兽。找到他们也许是成功的关键。

是谁制作了克雷格列表网上的广告

几年前，一个叫乔的20多岁的男孩决定最后一次驾驶他的车。这是一个令人心痛的决定，却不是因为他的车有什么了不起。读高中的时候，他就有了那辆车，他自己也承认那简直是一堆垃圾：一辆1995年产的蓝绿色旁蒂克（Pontiac），它的汽缸垫刚刚坏了。之前，这辆车已经被修过很多次了，最后这次故障让乔不得不面对现实。毕竟，他赚的钱早就够买辆新车了。他只是不愿意放弃这辆车。

考虑到这辆旁蒂克的状况，它实在没有以旧换新的价值了。于是，乔让他的朋友凯尔在克雷格列表网（Craigslist.com）上发布了一则广告，出售这辆车。凯尔刚开始在一家内容管理公司做平面设计师。尽管他没有接受过设计方面的正式培训，但是对Adobe创意套件的熟悉程度足以让他设计出出色的销售素材，想必他也能在克雷格列表网上为自己打个广告。凯尔答应帮忙，他有他自己的动力。他太讨厌那辆车了。

在乔提出请求后不到两个小时，凯尔就完成了任务，而且事实证明这则广告很完美地模仿了某则汽车广告。广告的大标题是《和耶稣跳踢踏舞》（*Jesus Tap-Dancing Christ*），广告中有太阳的光芒、独角兽等元素，以及把这堆烂铁描述成吸引女人的法宝，并且可以增加车主的男性魅力的文字。“每位前车主都留着络腮胡，”他写道。卡尔把广告发给了乔，然后就上床睡觉了，没再多想它。

独角兽悖论

凯尔不知道的是，如今，各种数字人才都很抢手。2012年，经济学人智库（Economist Intelligence Unit）进行的一项调查发现，首席执行官把招聘和留住人才列为营销成功的头号障碍。这种情况极其紧迫，以至于全球的数字代理公司都已经开始聘用首席人才官，来负责寻找、培养和留住合格的人才。

人才如此稀缺的原因很多，罪魁祸首是营销界在过去五年中所经历的颠覆。我们常常赞美颠覆和新机会，但它们也带来了令人头疼的招聘难题。新技术创造了新需求。如果某个大品牌有25%的消费者在使用社交媒体网络X，而这个网络是8个月前才出现的，我们就很难找到足够了解它的人来帮忙。

例如，2013年年初，我们注意到亚马逊网站的一个有趣趋势。亚马逊网站的电子商务交易量占所有电子商务交易量的13%，也占北美地区交易量的1/3。换句话说，人们不只是通过亚马逊网站购物，还在那里寻找产品，然后在其他地方购买。这使它成了一个营销平台，一个我们的客户需要关注的大营销平台。我们意识到，我们必须找到一些人，让他们在我们的代理公司中开辟一个亚马逊的实践领域。但是，要如何找到这样的人呢？毕竟我们刚刚创建了这个职位，没有这方面的经验。不用说，我们花了几个月的时间才找到了能够承担这项任务的应聘者。

我们要与很多寻找同类人才的企业、初创公司竞争，这对我们更加不利。有才能的人通常能够去他们喜欢的企业，而且他们确实这样做了。面对企业对数字化员工的强烈需求，一旦旧职位让他们感到厌倦或者对他们的要求太苛刻时，他们很可能会另谋高就。这就使建立一个稳定的团队变得非常困难。如果一位优秀的技术专家讨厌经理的批评或者只是想加薪，那么没什么能阻止他或者她到其他地方找到类似或者更高的职位。事实上，通过换工作来获得升职是一种很常见的做法。

那么数字营销人员应当怎么办？我们一定要找到合适的人才，无论他们在哪儿。

发现一个新世界

当乔看了凯尔的电子邮件后，他哈哈大笑，并决定把广告发布出去。他认为这则广告一定会把一些人逗乐，仅此而已。没想到，车竟然被卖出去了。

如果他以为能够一夜安眠，那么他就错了。凌晨3点，他被手机铃声吵醒。

有人想买他的车。

“你要买我的车？”乔问道。他匆忙拿起一支笔，把对方的姓名记了下来。毕竟，如果地球上有人疯狂到想买他的那辆旁蒂克，那他们会在凌晨3点打电话也就不奇怪了。他不想错过这样的机会。

乔承诺会联系他，然后挂断了电话。几分钟后，手机铃声再次响起，他记下了第二个名字。然后，他开启了手机的静音模式，认为这些人一定是开玩笑的，也许是他的朋友们搞得恶作剧。

事实并不是这样。第二天早上，当乔打算出门去上班时，他看到手机里有很多未接电话。他的语音信箱也满了。手机又响了起来。到上午10点多时，他妈妈不得不打他的办公室电话，因为他的手机一直打不通。

与此同时，凯尔开始了他每天早晨的例行事务。在开车上班的路上，他收听了一档早间谈话节目，参与者正在为某些小道消息或者八卦大笑。凯尔喜欢听笑话，于是他调大了收音机的音量，听到了这句话：“每位前车主都留着络腮胡。”

优秀的数字化员工的特征

凯尔本质上就是我们所说的“独角兽”（我们使用了他广告中“独角兽”一词）。他们天生具有应对不断变化的不确定世界的性格，而且通常会将才华与这种性格结合在一起。技能固然重要，却不是决定性因素。你可以学会技能，但学不到以下特征。

- **不自高自大**。如果让凯尔给你讲关于他的广告的故事，他常常会这样开头：“显然，那一周，世界上绝对什么都没发生。”如果你打算与一群人争分夺秒，你就不可能有自己的日程。如果主管把你想做的一个项目分配给了别人，你不要嫉妒。更重要的是，如果团队决定采纳其他人的创意而不是你的创意时，你不要太在意。
- **好奇心**。不自高自大与你对周遭世界的兴趣紧密相关。独角兽是观察者，当发现新事物时，他们会很高兴。在数字领域中保持领先地位需要付出很多努力。如果你对自己正在做的事情不感兴趣，你就不会花时间来研究你需要知道的一切。独角兽还是多变的，他们不一定始终待在相同的职位上或者扮演相同的角色，如果有挑战，他们很乐于应对。

- **热情**。任何一个在创意领域工作的人都知道，你可以很快地完成某项工作的 80%，但完成剩下的 20% 会困难得多，乐趣也少得多。如果你有热情，那就没问题了。你想把事情做到完美，而且没有人要求你加班加点。独角兽更关心的是最终结果，而不是自己需要完成的部分。如果职位比较低的人碰巧给他们提供了一个非常好的创意（这种情况发生的频率比你以为的要高），他们是会接受的。
- **乐观**。在数字时代，我们常常会做一些以前从来没做过的事情，这需要我们对结果充满信心。悲观主义者往往会感到压力，会不知所措，总想着导致某些事情行不通的各种原因。这样做只是在浪费精力。相反，乐观主义者会专注于寻找解决方案。

不过，还有一个特征是凯尔的故事并没有揭示出来的。为了发现这个特征，我们需要认识另一位独角兽。

DOES IT WORK?

> 我们可以把技术教给我们雇用的员工，但他们首先必须有必要的思维方式。
>
> 摘自福瑞斯特咨询公司于 2014 年 9 月发布的报告
> 《为了实现有效的数字营销，首席营销官需要做什么》

隔壁的咖啡师统计学家

2012 年年末，认识亚历克斯的人都知道他对自己的生活现状十分满意。他是一家咖啡店的副经理，他很喜欢这份工作。他喜欢调制具有异国情调的拿铁咖啡，喜欢清晨走在街道上，最重要的是，他喜欢与人们交谈。在过去几个月里，他认识了很多人，尤其是街对面一家创意代理公司的很多非常友好的员工。

亚历克斯并不想一辈子都调制咖啡。一年前，他获得了心理语言学和定量统计学的硕士学位。他的论文显示出他很有潜力。但亚历克斯知道，他不想把自己的后半生奉献给学术界。他不喜欢写作，不喜欢办公室政治，不喜欢不停地工作——这或多或少体现了学术生活的特点。当姐姐在她生活的地方给亚历克斯找了一份短期的研究工作时，他立即抓住了这个机会。

几个月后，工作结束了，亚历克斯发现自己无事可做。他给一些技术和研究类公司投了简历，但似乎没人对他感兴趣，他们想要有特定经验的人来填补岗位空缺。虽然亚历克斯有能力，但简历上的经验一栏几乎是空白的。最终，他在咖啡店找到了工作。这份工作让他有钱支付日常开销，还让他有很多时间去准备迎接各种挑战，准确地说是数学挑战。

他的第一个研究目标是咖啡店的小费杯。亚历克斯想看一看他能否只根据杯子的重量，从每周获得的小费的变化来预测零用钱的金额。为了这样做，他从一袋硬币中抽取了样本，记录下每种硬币出现的概率，比如可能有 25% 的 5 美分、10% 的 1 美分和 40% 的 25 美分等。这足以让他创建一个硬币的分布模型。因为每种硬币都有不同的重量，因此他很快就能预测出给定的小费杯中的小费金额，误差幅度为 5%。解决完这个问题后，他需要找到新的目标来充实自己。

接下来的挑战是他想看看自己能否在第一位顾客进店之前就预测出咖啡店当天的收入，这是一个更困难的统计问题。为此，他开始记录每天的收入，并且建立起外界因素影响收入的模型。例如，雨天来咖啡店的顾客会比较少；星期一的顾客没有星期三的多；长周末之后的那天，顾客会比较少，因为很多人选择再多休息一天；某些假日门可罗雀等。

亚历克斯并没有满足于这些发现。他是一位受过培训的科学家，想要尽其所能地创建起一个完美的模型。他需要更多的数据，而咖啡馆的常客已经为他提供了丰富而有趣的数据。他有很强的记忆力，能记住他们每个人每天都点了什么。如果某天他们没来或者点了不同的东西，他就会问他们这样做的原因，并利用答案来改进他的模型。

亚历克斯也很有个性，并且因为他知道别人想要什么的惊人能力而逐渐成了当地的名人。很快，街对面那家代理公司的人开始注意到亚历克斯。吸引他们注意的不只是亚历克斯的记忆力，还有他问人们为什么改点其他东西的那些问题，他似乎在创建一个预测模型——这可是他们非常了解的东西。

他们询问他的背景。当发现亚历克斯是一位受过高等教育的统计学家的时候，他们对他产生了很大的兴趣。

DOES IT WORK?

现在，你需要把艺术与科学结合起来以了解社会的意义。因此，不再有"我可以处理数据或者我很有创造力"这类说法。融合正在发生。

理查德·纳恩（Richard Nunn）
法通保险公司（Legal & General）品牌与网络部门总监

统计数据与客户服务

虽然营销人员对数据如饥似渴，但是定量统计学家对数据倒不是特别感兴趣。学术界有很多统计学家，但是很少有人能够在营销环境中发挥作用。营销数据比他们习惯于收集的那些清晰且有条理的数据模糊得多、不确定得多。在营销中，你常常要为噪音建模。

数字营销人员不只需要反复处理数据。如果你读过很多新闻故事，你可能会有这样的印象，即通过分析大数据，你可以发现不可思议的模式，这种模式能够准确地告诉你你的客户想要什么。你可能认为大数据本身关注的是你的客户正在做什么，然后告诉你如何更好地为他们服务。并不是这样，数据本身不会告诉你任何事情。事实上，只有知道如何提出有趣的问题，你才能从中得到有趣的答案。因此，你不只需要数学方法，你需要一种能够感觉到人们想要什么的直觉。

那就是街对面的代理公司对亚历克斯感兴趣的原因。他不仅有进行定量分析的能力，而且对客户服务也很在行。他了解每个人的订单，知道他们喜欢什么，知道如何让他们感觉自己很特别。如果他能那样做，那么他很可能会查看数据，并且知道自己应当提出什么类型的问题。

独角兽的核心特征就是将定量敏感度与客户服务结合起来。这并不意味着亚历克斯需要成为一位创意总监（他不是），或者凯尔必须擅长数学（事实上他的数学不差），而是他们必须能够自如地面对这个世界，即数据工作者知道如何提出适当的问题，创意人员能够运用他们发现的洞见所设定的参数来工作。

DOES IT WORK?

我们要雇用喜欢数据、喜欢解析数据的人，而不仅仅是喜欢处理数据的人。数字营销提供了前所未有的大量数据。但是缺乏洞察力的数据无法促进企业的发展。你需要两类精通数据的员工：第一类是能够发掘数据的员工，这些数据能够转化为有价值的洞见；第二类是对数据友好的营销人员，他们能将这些洞见转化为行动。

摘自福瑞斯特咨询公司于 2014 年 9 月发布的报告
《为了实现有效的数字营销，首席营销官需要做什么》

最后一点并不意味着创意必须是数据驱动的，正如我们在第 3 章中看到的那样。它只意味着创意人员必须学会一种新的做事方式。以前，他们根据定性的创作指示以及多年来对该领域中作品的看法工作。这不一定会导致失败，因为经验很重要。但是，如今，我们应当充分利用我们获得的洞见。数据可以为我们指引方向、设定边界，帮助我们应对主观性的指手画脚。如果你拥有能够很好地使用数据的员工，那这就是优势。

因此，当你发现独角兽时，尤其是当他从来没有从事过数字营销工作的时候，你该怎么办？这是一个比你想象的更重要的问题。

如何雇用你不了解的人

在乔和凯尔一夜之间成为网络红人的案例中，我们无法清楚地找到这个问题的答案。掴客网（Gawker）把他们的广告称为克雷格列表网上有史以来最棒的广告之一，美国广播公司（American Broadcasting Corporation，Inc.，ABC）、美国哥伦比亚广播公司（Columbia Broadcasting System，CBS）、《时代周刊》和《广告时代》（*Ad Age*）杂志都对此进行了报道。

乔的电话响个不停，最后他不得不换了新号码。而令人感到惊讶的是，其中有些电话是工作邀请。邀请凯尔去工作的请求也从世界各地涌来。和我们一样，很多代理公司都看到了他的潜力。每家公司都为他提供了一个在世界顶级品牌的顶尖团队中工作的机会。凯尔对为数字代理公司工作不感兴趣，不仅仅因为他不确定这类公司是做什么的。

而且，凯尔没有广告方面的工作经验，他只在一家与广告无关的公司里做过一年的创意人员。他拒绝邀请的一个主要原因其实很简单：这些公司的办公地点都不在他想生活的地方。

大约一周之后，我们办公室的一群人加入了购买那辆汽车的争夺。这让他们找到了凯尔。大约一个月后，我们的一位创意总监给他发了一封电子邮件，邮件中写道："老兄，这太有趣了。想来聊一聊吗？"

凯尔不太情愿，甚至有些怀疑。他喜欢自己的工作和生活，而且他为人踏实谦逊，不相信得到了那么多关注。他认为他的成功只是侥幸，代理公司高估了他的能力。去面试一份他永远得不到的工作有什么意义呢？但是，我们的方法起到了作用。原因如下。

- **这是真实的**。一定不要让对方感到压力很大，不知所措。我们轻松的态度（而且办公地点就在他的家乡）让凯尔放下了戒备。我们的邀请是真诚而且真实的。凯尔想，为什么不试试呢？
- **我们没有要求太多**。很多公司都存在的一个问题是，当找到一位网红（或者明星咖啡师）时会假定他或者她能够立即进入状态，并且立即在营销部门的高层职位上获得成功。可真实情况不是这样。你不想把一个新人放在他还没做好准备的岗位上。任何工作都需要逐渐适应。如果一家大型代理公司交给凯尔一项重要任务并说"去创造奇迹吧！"，这可能会导致他的失败。同样，如果我们让亚历克斯直接负责一项重大任务，他可能会疲于应付。数字世界会令那些不熟悉它的人无比困惑。我们必须让有才能的人以他们自己的方式找到进入数字世界的路，并且找到自己的位置。
- **它是透明的**。你想雇用那些与公司文化非常契合的人，不希望把他们安置在那些让他们觉得没有归属感的岗位上，因为这会浪费大家的时间和你的金钱。

凯尔带着非常低的预期走进了我们公司。他不需要一份工作，他手头的工作邀请有很多。此外，他完全不知道我们是做什么的。他到了之后坐下来等待，随手拿起了一本我们写的关于我们公司文化的书。

幸运的是，他翻到了写有所有人都最喜欢的一句话的那页："如果亚历克斯·耶格（Alex Jaeger）①给了你一个机会，那么接受它吧。"凯尔继续往下读，很快就发现了他喜欢读的内容。如果我们必须找出我们与其他代理公司的一个不同之处的话，那就是如果你希望除了工作之外还有其他生活的话，其他代理公司就不是很好的选择。在成立这家公司时，我们并不介意偶尔非常辛苦地工作，甚至常常辛苦地工作，但我们也喜欢夜生活、周末和假期。凯尔同样喜欢这些东西。

凯尔很聪明，虽然他没有听说过数字代理公司，却知道有些公司会粉饰自己。我们对他进行了面试，进展顺利。他问他是否可以四处看看，我们说当然可以。于是，他走进了我们的办公室，发现没有人看起来非常疲惫或者压力很大。他喜欢这种氛围。我们适合他，他也适合我们。

独角兽的行事方式

除了良好的招聘流程之外，独角兽想得到什么呢？这是一个很容易回答的问题。他们想做出有用的东西，他们需要一个可以实现个人发展的职位，他们希望自己的才能被认可。

不相信吗？让我们通过另一个案例来看看我们想表达的意思。8 岁时，比安卡对一项新技术感到非常吃惊。她发现，如果向电脑输入一些指令，也就是代码，你就可以在一个页面上制作出图画和信息。再输入其他代码，你就可以把这些内容放在页面上不同的位置或者让它们闪烁。接下来，如果你再写入其他代码，世

① 亚历克斯·耶格是电影《变形金刚》（*Transformers*）的艺术总监。

界上每个人都会看到它们。

最初，她的网页设计得很糟糕，因为大多数 8 岁的孩子都缺乏创作感，他们对叙事的感知也很有限。幸运的是，比安卡的爸爸在一家制图商店工作，他决定在女儿的电脑里装上 Photoshop 软件，并给她一些基本的指导，以此来鼓励女儿。

比安卡坚持学习，她不仅能够熟练地使用 HTML 和 JavaScript，而且很快还学会了 Flash 及其相关技术。她还认真研读了平面设计方面的书籍，培养了自己的视觉能力。高中毕业后，她进入普瑞特艺术学院（Pratt Institute）学习，并最终从华盛顿大学毕业，获得了哲学学位。在这个过程中，她开发了一些备受欢迎的社交媒体项目，包括引起我们注意的编程工具（API）。我们开始在 Twitter 上关注她。

大学毕业后，她得到了一份制作 Facebook 应用程序的工作。这份工作对于刚刚毕业的哲学专业学生来说已经非常棒了，但对比安卡来说有些无聊。甚至她的老板都鼓励她另寻新工作，于是她在 Twitter 上发布了找工作的愿望，我们回复了她。

发现问题

假设你在考虑比安卡在你公司中的角色。当然，你可能会认为她是一个没有经验却很有才华的孩子，刚刚大学毕业。或者你可能意识到她做这方面工作的时间比你一半员工的从业时间还长得多，于是给了她一个比较高的职位。两种想法我们都不喜欢。相反，最好有一种文化能够让她了解自己的水平。凯尔选择了他的工作，正如我们看到的那样，从某种程度上说，比安卡也是如此。

当时，比安卡已经具备了足够的才能，而且我们很快会将她转到一个重要且非常引人注目的项目上。这时，我们遇到了问题。那个项目的高级艺术总监根本没有发挥其应有的作用。他是一个很有才华的人，却不是一位优秀的管理者。于是，在没有任何人提出要求，甚至在没有意识到自己正在做什么的情况下，比安卡承担起了艺术总监的工作。她为项目提出了战略性建议和有益的批评，而且不久之后，我们就让 22 岁的她为一家财富 100 强企业做了展示。就这样，比安卡在离开校园的两年后成了一位创意总监。

当然，正常情况下，我们不会让如此年轻的员工担任管理者的工作，但是年轻是相对而言的。比安卡不只有 3 年的经验，她从 8 岁起就开始做这样的工作了，而且生长于从事这个行业的家庭中。对她来说，这是晚餐桌上的谈资。她已经做好了准备。

DOES IT WORK?

> 那是我的使命。我可以说，我所做的工作是以某种有意义的方式帮助世界变得更美好。
>
> 迪普·尼沙尔
>
> 领英公司产品与用户体验部门高级副总裁

独角兽与"它有效吗"

除了事业发展和清楚自己的水平之外，像凯尔、亚历克斯和比安卡这样的人都希望有所成就。"我想知道我们什么时候创造了不同。"比安卡说。

聪明且低调的团队成员不会吹嘘自我。比安卡承担起创意总监的职责不是因为她自高自大，而是因为她觉得必须有人这样做。事情进展得不顺利，她认为必须这样做，即使那意味着换到不同的岗位，接手其他工作。

2002 年，理查德·佛罗里达（Richard Florida）写了一本非常有影响力的书，名为《创意阶层的崛起》(*The Rise of the Creative Class*)。他在书中探讨了如今的经济如何更多地由创意驱动，而非由工业力量驱动。他强烈建议在城市中建立创意中心，把聪明人汇聚在一起，促进他们进行创新合作。尽管受到了批评，但是我们还是很欣赏这个观点。

不过，我们想对这个观点进行拓展。虽然独角兽属于创意群体，但他们属于其中一个特殊的部分：成就群体。他们希望完成现实世界中的事情，希望他们的行为能产生积极的影响，希望实现目标，获得他们想要的结果。

这就是"它有效吗"心态对独角兽很重要的原因。如果你问我们公司的任何人，他们为什么喜欢为我们工作，在理由清单上，他们一定会写出我们用数据来评价项目的这个事实。通过数据，你可以证明有效性，你可以展示成就。在我们这个行业中，奖项是捆绑发放的。虽然奖项是衡量独角兽成功的一种方式，但他们通常更喜欢那些能证明他们与他人不同的证据。认可固然很好，但是结果才是真实的。这就是独角兽的秘密。

员工人数的悲哀

我们委托福瑞斯特咨询公司所进行的研究揭示出，迅速建立一个独角兽团队的想法存在一个明显的问题：员工人数。大多数组织无法随时招人。例如，我们不得不等一段时间，等到有适合亚历克斯的职位空缺。

“我很想说我的人员编制变了，”美国一个医疗保健组织的营销总监说，“但事实并非如此。”

解决方法是什么呢？福瑞斯特咨询公司总结道，你应当随时雇用数字人才，用精通数字营销的人员取代那些即将离职的人员。“随着员工的自然流动而出现了职位空缺时，要雇用那些更精通数字营销的人员，无论是公关、产品还是推广等职位，以此提高现有团队的数字能力。”

所有成功的数字人才都是独角兽吗

不，并不是每个人都会像独角兽一样。你总会有很多非常棒的员工，他们既不是网红，也不想平步青云。事实上，我们很多优秀的员工并不符合独角兽的描述。你也不希望每个人都是独角兽。有些人会在没有任何特殊背景或者改变的情况下升职。有些数字人才是作家，他们只想当作家，没有其他要求。他们也是非常有价值的，因为他们很有可能是你所拥有的最棒的作家。有些人喜欢创造，却厌恶做管理工作。这没关系，他们可以把他们喜欢做的事情做得非常好。

但是，团队中有一些独角兽也是好事。他们往往很有魅力，并且深受人们喜爱。虽然他们并没有进入高管层，但是他们也会让周围的人变得更好。他们帮助团队更好地工作，而他们自己也很享受这种感觉。这或许是他们最好的特征。

独角兽的特征

我们在本章中认识了一些独角兽，探讨了他们的一些特征。以下是寻找独角兽的蓝图。

- **聪明**。知识不如学习能力那么重要。
- **不自高自大**。他们能够与他人合作，接受最好的解决方案，而不是他们自己的方案。他们是非常棒的团队成员。
- **热情**。为了把事情做好，他们愿意做任何事，甚至超出自己的职责范围。
- **适应数据**。他们可能不是数学天才，但他们尊重数据，并且能够根据数据提供给他们的洞见开展工作。
- **顺势而为**。他们总是为改变做好准备。当机会来临时，他们常常渴望换工作。
- **敏感而富有洞察力**。如果你想提出有关数据的合适问题，你就必须了解人。优秀的数据独角兽对人们想要什么有直观的感觉。
- **有成就的人**。他们想要把事情做好，并且为品牌以及整个世界带来改变。

在执行“它有效吗”方法时，你必须找到合适的人。并不是每位员工都要成为独角兽，但他们应当具备一些特征和热情。团队中的一些人需要掌握一些能够将团队凝聚起来以及推动团队前进的特殊才能。

给独角兽的建议

如果你是一个独角兽，却没有人注意到你，该怎么办？如果亚历克斯没有在我们街对面的咖啡馆工作，那么答案就是，他很可能永远也看不到一家营销公司的内部情况。

有些人则不同。他们知道自己有才能，只是无法突破自我。或者他们非常想得到一份营销行业的入门级工作，却缺少获得这类工作的人脉。

安德鲁就是这样的独角兽。2012 年，他在镇上一家很好的代理公司工作，但是他非常想为我们工作。问题在于他是一位搜索引擎营销专家，碰巧西雅图附近有很多这样的专家在四处奔波。每次发布招聘广告，我们都会收到多到读不过来的简历，而不知何故，我们从来没有看过他的简历。这样徒劳地尝试了大约一年后，他想出了一个主意。

他创建了自己的 Facebook 广告，将自己指向我们的招聘启事，然后精准定位了这则广告的目标受众。这样，只有当 POSSIBLE 的员工登录 Facebook 时，他的广告才会出现。换句话说，他利用自己行业中的工具让自己变得引人注目，并且与我们建立了联系。这是他能发出的最好的简历。自然，我们雇用了他。

对你有效吗

人才的问题会让我们夜不能寐吗？是的。而解决方案是不要再在一些平常之地寻找人才，而是要在你身边寻找。从问以下问题开始吧！

- 我们是否只是通过查看简历来发现人才？
- 我们雇用的团队成员能否为了做正确的事而把他们的自我放在一边？
- 我们的创意人员是否乐于接受数据提供给他们的洞见？
- 我们的数据人员是否能看到数字以外的东西？这些东西是创意人员需要的真正的人类洞见。
- 当工作进展不顺利时，我们的管理者是否做好了介入的准备？
- 我们是否为员工提供了一个能够让他们知道自己已经有所作为的地方？无论是对客户，还是对整个世界。
- 我们是否依靠优秀员工来帮助我们找到未来的优秀员工？

思想领袖的观点

我认为说出“好吧，这个人本质上具有企业家精神。他希望拥有丰富的经历，我应当对此有所了解并开始培养他”这样的话需要很强的管理才能。我认为他们（独角兽）有两年的窗口期。明智的组织应当开始为它们认为合适的员工制订人才培养计划。这样的人才不多，而我们必须密切关注他们，以确保他们在三年内不会突然另谋高就。因为某天他们或许会走进你的办公室说："就这样吧。"

库尔特·赫切特

The Weather Company 全球首席营收官

我认为这关系到发现这些人才，以他们作为积极的榜样，通过认可、提拔或者其他方式让员工愿意负责。随着时间的推移，这会是一个平缓的过程，但是通过不断积累，你会有合适的人来承担起具有这些要素的领导责任的。

克里斯·科恩斯

Spredfast 公司分析 / 调查部门经理

《趋势学》一书的作者

我认为，团队和个体的作用都在发生变化，而且一直在迅速变化。发现人才和创建一种文化都非常重要。在这种文化中，我们可以在最广阔的背景下定义我们的角色和机会，而不是以一种有限的方式。

德纳·科斯韦尔（Dana Cogswell）

美国电话电报公司目标营销与客户生命周期管理部门执行董事

聪明的做法是暂时离开泥潭，去看一看更宏观的趋势或者模式。这需要更广阔的视野和时间框架。好的方法是把现在正在发生的事情放到最近的以及即将被创造的人类历史的背景中去考虑。这需要人们能够从树木看到森林，能够提出打动人的观点，并且揭示出之前在日常生活中没有被发现的模式。

艾迪·莫雷蒂（Eddy Moretit）

VICE 传媒集团（VICE Media Worldwide）首席创意官

员工必须对眼前的机会和挑战保持警惕，无论是工作质量、职业机会还是成长机会。

麦克·弗雷德根

Decide.com 总裁和首席执行官

我宁可选择 A 级团队和 B-级产品，而不选择 A 级产品和 B-级团队。

麦克·多德（Mike Dodd）

奥斯丁风险投资公司（Austin Ventures）合伙人

你会在最意想不到的时候发现独角兽。观察行为，用心倾听，寻找能够证明他们过去做过特立独行且令人吃惊的事情的独特证据。更重要的是，发现他们未来能为你的组织带来什么。我最喜欢的一个面试问题是：如果你拿到了多份工作邀请，那么驱动你做出选择的最重要的三个因素是什么？为什么？通过这个问题可以很好地了解某个人的动机、对他最重要的事情以及他适合你的原因以及适合程度。

玛莎·海菲尔德（Martha Hiefield）

POSSIBLE 西雅图分公司总裁

理想的营销专业人士能够将他们自己的人性与其他人的人性联系起来。他们了解左右脑的平衡，而且会对这种平衡进行校准。我们以某种方式进行思考、决策并采取行动的原因往往是不理性的。我们必须将“我们买了什么”和“我们认可什么”结合起来考虑，而不是相混淆。

迪安·阿拉贡

壳牌石油公司全球品牌副总裁和首席执行官

没有什么比信任和责任更能激励员工。给员工解决问题的自主权，让他们可以选择独立完成或者与同事共同完成一项有挑战性的任务，这都能传递出一个信号，即他们是有价值的。当然，在这个过程中需要反馈和指导，但独立性是重要的激励因素。

我们寻找的是那些有勇气、渴望拓展知识和技能以及具有快速思考能力的人。能够接受客户和同事的反馈也是一个关键特征。厚脸皮是非常宝贵的。

莉兹·瓦伦丁

Swift 公司联合创始人和首席执行官

我想寻找的是员工内在的态度、热情、承诺和驱动力。因为员工的工作总在变化，而他们需要有基本的能力，即学习、发展事业和尝试新事物的意愿。

拉尔斯·马德森

佳能欧洲公司商业战略与发展部门经理

保留员工的第一要务是吸引他们。在管理者留住员工之前，他们必须能够聘用到有能力的高质量人才。在聘用高管或者首席执行官时，我最看重的品质是他们是否有以下特征：他们是否有信任他们、愿意为他们工作的人际网络？

麦克·多德

奥斯汀风险投资公司合伙人

我们生活在一个美好的时代！我认为，在这个时代，我们有很多斜杠人才，尤其是年轻一代（25 岁以下）。他们非常棒。在很久以前，伟大的创意来自“专业的”广告文案撰稿人和艺术总监，这对广告行业来说是很好的。我对那些“代理人 / 媒体人”不感兴趣了，我一直在寻找的是那些不懈努力的、充满好奇的、疯狂到每天都想要发明新事物的伙伴。

克里斯蒂安·托斯

CarnationGroup 公司首席执行官和首席创意官

我认为在接下来的 5~10 年内，我们会看到创意群体被赋予了比以往更大的权力，再也没有把关者来判定谁好谁坏。对我来说，这正好触及了我想做之事的核心价值。我想改变世界，不仅要颠覆一个行业，还要做更伟大的事。

雷内·莱彻曼

Maker Studios 公司总裁

我通常用态度和才能这两条非常粗略的经验法则来快速评估一个人是否适合我们公司。我寻找的人需要有正确的态度来观察企业、市场和团队的动态。然后，当他们描述自己的经历或者为了应对工作上的某些挑战或者解决冲突都做了什么的时候，我才会观察他们的才能。很多时候，在你有机会在某种情境中了解他们的表现和行为之前，你很难梳理清楚。

格蕾丝·霍

SAP 公司亚太区日本公司营销部门总经理

文化能够预测成败 05

CULTURE PREDICTS SUCCESS AND FAILURE

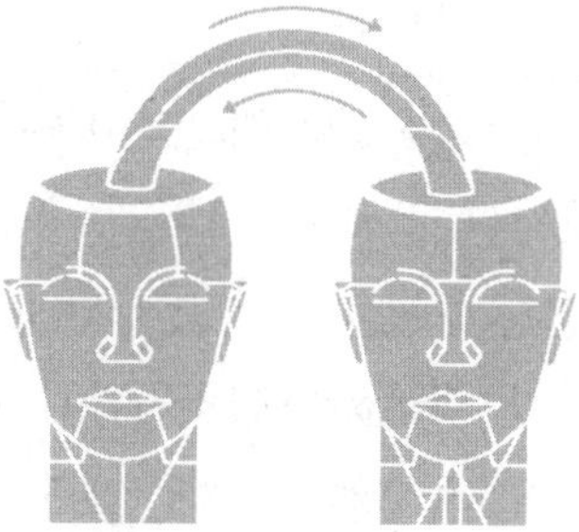

你已经找到了独角兽。你可能发现，把他们留住比你想得要难。那些让他们变化不定、非常有趣的原因同样会让他们永不满足。如果他们发现自己不快乐，工作没有挑战性，没有在创造不同，他们就不会在原地等待。

这就是你需要在他们周围建立起良好文化的原因。你可以生产出世界上最好的产品，但最后如果没有非常好的文化，你也可能无法成功。文化与乒乓球桌或者派对无关。当人们喜欢一起工作，并且喜欢他们正在做的事时，文化就产生了。他们会感觉有机会学习和获得成长。最重要的是，他们会感觉自己正在做重要的事。

企业文化的观察者

以下故事讲述的是洛杉矶一家小型代理公司如何出人意料地赢得了一家大型制造商的重要招标项目。几个星期以来，他们一直为自己打败了本市最好的代理公司而感到吃惊。

后来，他们在工作中发现，客户公司虽然全球闻名，但其工作团队总是落后于进度，而且他们会提出前后不一致的修改需求。拖后腿的总是他们，可他们却要求代理公司熬夜加班来满足他们的最后期限。当代理公司未能创造出奇迹时，客户拒绝为他们不喜欢的工作成果付钱（他们什么都不喜欢）。最后，客户终止了与这家代理公司的合作，要求它退还所有文件。

幸运的是，代理公司当时为客户提供了托管服务器的服务。于是，他们想出了一个很有创意的方法。他们拔掉了服务器的电源，用这些服务器在客户办公室前的草坪上垒了一座金字塔。除此之外，他们还竖起了一块巨大的警示牌，告诫其他公司不要与这家公司做生意。后来，代理公司了解到，大部分竞争对手都知道了这家制造商的声誉，因此没有对需求建议书做出回应。

当然，那家代理公司不是我们公司，这种行为也很孩子气。不过，多年来，像所有代理公司一样，我们与那些企业文化很糟糕的客户断绝了关系。

事实上，每次与新客户建立关系时，我们都会观察其企业文化。大多数客户很好，但少数客户会让你的团队因为他们提出的各种不合理要求、最后时刻的要求或者无序的流程而发疯，这会让代理公司为了完成任务而一个周末接一个周末地加班。你不可能接受这样的做法。这些企业的文化在某一刻会变成你的文化，而你必须保持你文化的安全和完整。

DOES IT WORK?

每个组织都与在其中工作的人一样好。员工通过日常选择缔造了组织的文化，组织或沉在文化中，或漂浮在文化上。一些最好的公司（比如红牛）深谙此道，并且雇用了符合企业文化的人，而这些人能够带来对现有团队起补充作用的独特价值。

马克·康纳（Marc Connor）

熊熊工作室（Build-A-Bear）品牌管理总监

优秀文化的要素

如何建立起灵活的团队，团队成员能够默契地配合，并且能够无缝地转向新的想法和过程呢？你会发现多种不同的文化，但对于数字化组织来说，我们认为以下几条最重要。

1. **保持灵活性**。在数字化组织中，工作岗位的名称不应当局限个人的贡献。如果你想提出非常好的想法，就需要具有持续学习的环境，这种环境具有灵活性，而且不会特别重视角色。任何人都不可以说“那不是我的工作职责”或者“谁会问工程师的意见”。相反，你应当给予每个人充分施展才华、表现自己的机会。
2. **聘用学习者**。你希望你的团队充满好奇心，并且愿意主动学习。软件程序员以这一点闻名，因为他们的工具和平台在不断变化。良好的开发团队也是协作学习者。营销人员也应当采用这种模式。这样，组织就具有了内在的灵活性，能够及时应对变化。
3. **给予员工分享的权利**。每个人的意见都很重要，因为任何人在任何时候都有可能提出极好的想法。因此，员工必须习惯于提出大胆的想法。你应当鼓励他们大声地说出自己的想法，这有助于推动项目的进展。你还应当认真倾听。即使是最有才华的创意总监在某方面也可能只是实习生水平。
4. **鼓励职责以外的思考**。数据人员可能会从有趣的角度来看待设计问题，你要让艺术总监听一听。项目经理可能有非常好的创意，这当然是有可能的，因为他整天和创意人员待在一起。技术专家可能会发现了有利于产生好创意的方法。你希望获得多方面的观点。

5. **提出问题的同时也提出解决方法**。每家公司都有一群牢骚大王，他们能够指出什么地方有问题。但是，他们把所有时间都用在了抱怨上，这并不能解决问题。这不应当是独角兽（或者其他任何人）在数字环境中的做法。数字化始终会带来新的挑战。我们需要想办法解决问题。
6. **你必须从某处开始**。你不仅要让员工指出问题，还要让他们提出解决方案。即使这些解决方案不管用，但至少可能让其他人有更好的想法。
7. **接受失败**。正如我们之前看到的那样，失败促进学习，失败得越早越好。无法接受失败的组织很难改变策略，很难提出新的可行的想法。
8. **培养成就文化**。如果你问我们任何一位员工为什么喜欢为我们工作，在各种原因中一定会有我们采用了“它有效吗”标准。在一天工作结束时或者在一项广告活动结束时，他们知道自己是否有所作为。他们能够证明自己已经实现了可衡量的结果。在我们这个行业中，奖励是捆绑发放的，虽然奖励是衡量有效性的一种方式，但是人们知道那不是一种完美的衡量标准。这就是为员工提供真实数据，以证明他们有所成就很重要的原因。被认可固然很好，但结果才是真实的。

DOES IT WORK?

你必须树立良好的榜样来激励员工。你要告诉其他人这才是正确的做法。但是，我们都曾亲身经历过或者看到过组织中充斥的自私行为和派系纷争会给某些人带来好处，所以他们才会那样做。

克里斯·科恩斯
Spredfast 公司分析 / 调查部门经理
《趋势学》的作者

文化来自何处

如何创建文化？答案很简单：从组织中尽可能高的层级开始。事实上，如果你想了解自己在那里工作是否会开心，我们有一个简单的建议。在网上找一段该组织高层管理者的视频。你没见过这个人或者这辈子可能都见不到他并不重要，看视频就可以了。你喜欢这个人吗？他看起来假惺惺吗？你有兴趣和他或者她一起喝咖啡或者吃午餐吗？

你的答案可能会让你对这家公司的文化有很多了解。如果这个人看起来又酷又有趣，而且不是很自以为是，那么这家公司的工作环境可能比较轻松。如果这个人看起来像夸夸其谈的自大者，那么你就需要三思了。在理想的情况下，首席执行官会为企业文化定调，并且会很关注企业文化。

也就是说，我们应当诚实地面对事实。在某些情况下，糟糕的文化会获得成功。据说，好莱坞传奇制片人斯科特·鲁丁（Scott Rudin）曾营造了极其困难的工作环境。《华尔街日报》的一篇报道把他称为“怪兽老板”，因为他在短短五年中换了250位助理。然而，鲁丁非常成功。他制作了很多轰动一时的电影大片，是唯一一位获得过艾美奖、格莱美奖、奥斯卡金像奖和托尼奖的制片人。渴望为他工作的人排起了长队。

但是好莱坞不是数字营销行业。这些年来，我们的行业变得越来越具有协作性。伟大的创意往往来自合作。独裁者很难在一个看重团队协作的环境中获得成功。

最后需要强调的一点是，如果你的首席执行官不分享你的价值观，不鼓励你的团队，你该怎么办？在这种情况下，你必须记住，你始终对你管理的团队负有责任，即使那只是一个很小的团队。公司中比较擅长留住独角兽的团队会比那些不擅长这样做的团队有更好的业绩。在很多情况下，你还可以向上或者横向管理文化。如果你能以你所希望的方式让自己的团队表现得更好，如果你实践着你理想中的文化，那么你将从中受益，而且最终你可能会让公司变得更好。

DOES IT WORK?

从文化角度看，我要找的人不是循规蹈矩的人，而是那些愿意找到更好的方法来制定规则的人。不要让规则阻碍你。愿意打破流程、改变流序、挑战规则和尝试可能不会成功的事情就是规则之一。这既关系到我们如何做，也关系到我们要做什么。

德纳·科斯韦尔

美国电话电报公司目标营销与客户生命周期管理部门执行董事

糟糕的企业文化的 10 种迹象

与客户打交道让我能够体验各种企业文化。我们对了解潜在客户究竟是适合我们还是我们的一场噩梦很感兴趣。因此，我们发现了一系列判断企业文化优劣的外在迹象。你不仅可以在处理与代理公司 / 客户的关系时使用它们，还可以在找工作时使用。我们对每种迹象都不感兴趣，但并不是说我们的办公室中不存在这种情况。如果我们发现了某些迹象（比如其中 5 种情况），我们就知道有问题了。当你接受面试时，看看是否存在以下情况。你会为你这样做感到高兴的。

1. **它们大谈特谈乒乓球桌。**办公场所放置一张乒乓球桌很好，但为此自吹自擂就不好了。为什么呢？在某种程度上，企业界把拥有一张乒乓球桌视为拥有一种喜好玩乐的文化。如果你潜在的雇主强调他们有乒乓球桌，这可能说明他们只是在应付差事，而不是给员工他们真正想要的东西。
2. **办公室像垃圾场。**每当走进一间办公室，我们会看看周围的情况。如果我们看到过道里堆放着箱子，会议室里堆满了椅子，我们就知道没人在乎这个地方。而这其中肯定有一个非常不好的原因。
3. **只有领导有办公室。**我们会发现每个员工都待在格子间里，除了老板以外。这通常暗示着管理层和员工之间有着不和谐的等级关系。
4. **没有人谈论文化。**公司应当尽量向你介绍其文化。如果与你讨论工作或者客户关系的人只想讨论你的资历，你就应当问问自己关于工作环境有什么是他没有告诉你的了。
5. **管理层变现出糟糕的文化。**文化总是从上至下流动的。我们可能没有机会见到高层管理人员，但可以找到他们的视频。我们对视频的第一反应往往能说明我们有多喜欢在这家公司工作。
6. **它们谈到了卓越。**每个组织都力求成功，这无可厚非。强调卓越的公司可能会为其员工和供应商提出无法达到的标准。员工不是把精力放在工作上，而是担心是否能够达到公司的要求。

7. **看起来有些奇怪。**一个令人愉快的工作场所应当充满活力。有人会站起来，四处走动，彼此交谈。他们不应当看起来无聊或者有压力。所以，你要环顾四周，问问自己这里的人看起来是否愉快。
8. **公司的价值观被贴在墙上，但似乎没有人看过。**如果不身体力行价值观，它们就没有存在的价值。
9. **现在是五点，每个人都在埋头工作。**如果可以，尽量把拜访或者面试的时间约在较晚的时间。下午五点是了解一家公司如何平衡工作与生活时间的绝佳机会。少数人工作到很晚是正常的，但是有些人应当准备回家了。
10. **如果他们问你“你有什么问题吗”，你应当问：“下午五点之后，你有多少时间与同事在一起？你们在一起会做些什么？”**理想的答案是喝喝啤酒和打打球。不理想的答案是与工作有关的任何事情，除非那只是偶然会发生。

显然，你也可以用这些迹象找到有良好文化的公司。一个充满活力、快乐的工作场所，下午五点之后人们欢声笑语，一个谈论文化是多么重要的首席执行官……这都预示着与这家公司合作或者为这家公司工作将是令人愉快的。

用户体验设计师

让我们通过我们公司一位名叫贾斯汀的员工的例子来看一看文化是如何发挥作用的。贾斯汀不太可能成为数字化员工。他最初学的是公共政策专业，大学毕业后在华盛顿特区得到了实习机会。后来，他回到了家乡，在交通部担任助理。这通常就是人们所说的一份没有前途的工作，但对于像贾斯汀这样的人来说，根本不存在没有前途的工作。

他一入职就发现，交通部的网站需要进行完善。当然，没有预算来做这件事，于是，贾斯汀自己想办法学习如何来完善网站。晚上和周末的大部分时间，他都会去图书馆看书，并且开始试着完善网站。

然后他意识到，这个网站负责提供各种各样重要的信息，包括渡轮的时间表、山口关闭时间、交通摄像头、航班信息和旅行预警等，但是网站上呈现这些信息的方式很糟糕。如果用户找不到这类信息，那还要网站干什么呢？

贾斯汀继续自学，并开始研究信息的呈现方式。很快，他就发现自己从事的工作稍微有些不同了：他与工程师、交通专家合作，找到了汇总和解释该州正在发生之事的新方法。他很喜欢这份工作，并且形成了自己的一套方法，这套方法与多年来像我们这样的公司确定的方法非常相似。奇怪的是，他甚至不知道自己正在做的事情是有专门名字的。他在交通部为自己创建了一个职位，并承担起了相应的责任。

贾斯汀对那些像数字一样流动的、动态的事物有完美的心态。他很自然地让自己走出了舒适区，没有人要求他这样做。他很擅长自学，也有这样的爱好。他积极主动，喜欢把事情做得更好。换句话说，他就是一个独角兽。

工作中的变色龙

像所有的独角兽一样，贾斯汀也是永不满足的，他对外面的世界充满了好奇心。他对交通运输有了很多了解，还想知道自己是否也能在其他地方学到更多的东西。于是，他开始看招聘广告，很快就发现了我们的一则招聘广告。看了招聘广告的内容，他意识到，他就是一位用户体验设计师。

贾斯汀来我们公司面试，很快就被聘用了。不过，他不会始终做一位用户体验设计师。一天，我们让他去见客户，他表现得好极了。很多人在沟通方面有惰性，总会把他们想到的第一件事说出来。但贾斯汀不是这样。他经常会放弃最初的想法，寻找一些你可能不了解的事情。

一段时间后，我们再次让他走出了他的舒适区，让他负责我们一个广告业务的重要的一部分。你也许会说，等一等，他没有接受过这方面的培训。他是一位用户体验设计师，他对项目管理能有什么了解？

这就对了。正如我们前面提到的那样，你可能太关注这个行业中的职位描述了。这不仅适用于管理者，也适用于员工。最完美的独角兽不会只了解某个学科，他知道如何了解很多学科。贾斯汀能够在工作中学习，我们可以确保他能够得到很多帮助。我们知道，他不会只成为一位优秀的客户总监，他会成为一位超级优秀的客户总监。因为他不仅了解客户，而且还知道如何像设计师一样思考。他对任何项目都能够做出富有创造力的贡献，而且当问题出现时，他可以用客户能够理解的方式解释出现问题的原因。换句话说，通过让独角兽走出他们的舒适区，有时你会获得绩效水平更高的综合型人才，他们对你的企业非常有价值。

在那之后，贾斯汀继续进步。现在，他负责我们最大一个区域的业务拓展。谁知道呢？也许有一天，他会掌管我们的卫星发射部门，或许是整个公司。

“充电”的重要性

营销属于服务行业，项目通常是启动时大张旗鼓，在最后期限前令人崩溃。有时，我们不得不工作到深夜，并且在周末加班。短期内，这是可以避免的，但如果成为常态就有问题了。

我们给员工休息的时间只是因为我们是好人吗？不完全是。这并不是我们一贯的政策。20 世纪 90 年代中期，当我们在西雅图成立第一家公司时，我们实践着创业的梦想。我们拼命工作，会睡在办公桌下面。在会见一个大客户之前，我们修建并粉刷了我们的第一间会议室。总的来说，我们的生活方式就是无数关于硅谷的文章所称赞的那种生活方式。是的，我们最终卖掉了公司。所以，你一定认为我们是成功的典范。

并非如此。我们错了。虽然听起来有违直觉，但是 150 年的研究已经证明，如果你想提高生产率，你就应当把每周的工作时间减少到 40 个小时左右。亨利·福特就是这样做的，这让他的竞争对手很吃惊，但是他获得了更忠诚、更高效的员工队伍。2012 年，Facebook 的首席运营官雪莉·桑德伯格（Sheryl Sandberg）透露，她每天下午五点半回家陪伴家人，这让世界感到震惊。但是，如果每周工作 40 个小时就可以让 Facebook 获得很好的发展，那么在那个时间框架内，你可以做更多的事情。

数字营销是一种创意产业。我们正尝试着激发绝妙的创意。如果工作让你感到筋疲力尽、厌倦、烦恼或者厌恶，你永远也不可能想出这些创意。人们会心力交瘁。他们需要休息，需要有时间在周末散散步和陪伴家人，需要充电。他们需要暂时不考虑工作，这样当他们再次回来工作时，可能会有新的视角。

这样真的有效吗？对我们来说，这确实有效。例如，2012 年 12 月，我们的一位客户在假期前打来电话，要求我们对一份计划赶紧给出答复。这是一笔大生意，可能会产生可观的收益。但是我们做不了，我们的员工刚刚按时完成了假期前的工作，他们很疲劳，想和家人一起度过假期。

因此，我们婉拒了客户，并把原因告诉了他们。好消息是他们允许我们晚 10 天答复。我们的员工度过了一个非常美好的假期。当他们回来上班时，他们精力充沛，做好了大干一场的准备。而我们的竞争对手却在假期里加班，让他们的员工晚些再休假。猜猜我们谁赢了？肯定不是他们。

DOES IT WORK?

对营销人员的教育进行投入很重要，你应当让他们报名参加最新的课程，并且保持与时俱进。如果你停止了对团队的投资，那么团队就一定不会有好的业绩。

摘自福瑞斯特咨询公司于 2014 年 9 月发布的报告
《为了实现有效的数字营销，首席营销官需要做什么》

多元化团队的优势

超越男性模式，几乎没有哪种职业像传统的广告业一样是由男性主导的。据 3% Conference[①] 的创始人凯特・戈登（Kat Gordon）的说法，在设计和广告行业中的大多数代理公司中，仅有 11% 的艺术总监是女性。对超级碗广告进行的一项分析发现，94% 的创意总监是男性（93% 是白人）。对广告界最重要的颁奖活动戛

① 3% Conference 是一个支持广告行业中的女性创意的社区。——译者注

纳国际创意节的另一项内部分析显示，在28岁以上的参与者中，仅有4%是女性。

这是一个大问题。首先，在市场中，女性比男性重要得多。例如在美国，女性做出或者影响了85%的购买决策，78%的女性在网上研究购买决策。她们在很大程度上还主导着社交媒体。

然而，我们并不擅长接触她们。令人感到惊讶的是，91%的女性认为广告商不了解她们。显然，我们还有改善的空间，而且这可以从重新平衡开始。

此外，社会学家在过去10年的大部分时间里都在认真研究团队多元化的价值。研究仍在继续，过程中也出现了一些与此相关的趣事。

- **具有多样化目标的团队很少会成功**。这很容易理解。如果你们没有达成共识，你团队的表现就不会好。
- **具有多元化背景的团队似乎更有效率**。一个种族和文化上多元化的团队通常会胜于同质团队。
- **多元化团队特别擅长创意性任务和解决问题**。这些事情都是在数字营销中我们要求他们做的事情。

所有这些促使我们从实用性的角度去问为什么我们不进一步丰富多元化。这样做似乎很奏效。

十种类型的数字化员工

在创建文化时，找到合适的人或者成为合适的人很重要。以下介绍一些最重要的员工类型，以及每一种员工如何有助于把文化变得更好。

1. **吹毛求疵者**。每家公司都有一群喜欢到处指出问题的人。遗憾的是，任何聪明的人都能够看出什么是行不通的，只有特殊的员工才能够提供解决方案并解决问题。除了坐在那里抱怨一切，吹毛求疵者几乎很少能够做得更好（包括他们的工作前景）。

给吹毛求疵者的建议：吹毛求疵者在质量保证等领域会做得很好，其工作内容就是发现问题。另外，你应当找和你相似的人一起吃午餐，最好离开其他人。

你们会享受这样做，但是要小心。喜欢抱怨的人常常会因自己糟糕的态度而受到影响，当发生这种情况时，他们会变成不受欢迎的愤世嫉俗者。

2. **乐观主义者**。这些员工喜欢在公司中工作，并且相信公司的文化。一旦发现问题，他们会主动寻找解决方案。什么样的人是乐观主义者？当咖啡壶空了，他们会去煮咖啡；他们会组织美食家午餐聚会；当别人有好想法时，他们会热情地给予支持。

给乐观主义者的建议：找到那些能够在职业生涯道路上帮助你的良师益友。对每个人的想法保持开放的态度，但不要关注他们消极的观点。

3. **墙头草**。大多数人都是墙头草。他们的行为反映了其周围的文化和人。如果他们周围的人是乐观主义者，他们就会变成热心的问题解决者；如果吹毛求疵者在抱怨，他们也会洗耳恭听。墙头草在生活中很吃得开。如何让他们充分发挥作用是管理工作面对的挑战。

给墙头草的建议：找到乐观主义者，因为他们对你的事业会有很大的帮助。

4. **现实主义者**。现实主义者是讲述真相的人。他们能够准确地看到事物的本来面目，并会讲给任何愿意倾听的人。现实主义者通常都非常会理财，但他们不擅长创意性工作。现实主义者喜欢冒险，尽管他们知道风险是什么。

给现实主义者的建议：时机的把握对你来说至关重要。虽然你可能知道真相，但应当慎重选择说话的时机，尤其是说出坏消息的时机。

5. **阻碍者**。阻碍者认为他们是现实主义者，但其实不是。他们总能找出公司不应当做某事的理由。奇怪的是，他们混得不错，因为他们很谨慎小心，既不犯错，也不花钱。管理层喜欢这样的做法。但是最终，他们会把事情拖慢。

给阻碍者的建议：首先，确定你自己是现实主义者还是阻碍者。一定要坦诚。然后要学会承担一些风险。并不是所有事情都会不顺利。

6. **以我为先者**。有些人认为自己的日程非常重要，其他事情都要靠后站。他们动不动就会指责别人，夸耀自己的成就，并且谋划着怎么样让管理层喜欢他们。通常，他们不会成功，因为他们认为捷径比实际工作更重要。

给以我为先者的建议：你要意识到，获得成功的最佳途径是像乐观主义者那样行事。不要找捷径，要通过努力让公司变得更好。

7. **殉道者**。殉道者总是第一个来，最后一个离开。他们工作格外努力，并且认为管理者会报答他们，有时候的确会这样。但殉道者通常只求工作稳定，不求晋升。

给殉道者的建议：回家去吧。你正在伤害你自己，并且正在破坏本可以让你成为乐观的问题解决者的创造力。你会事倍功半。

8. **阻碍议事者。**阻碍议事者说的比做的多。在开会时，他们会反对一切，会说类似“我们讨论得非常全面吗”或者“为什么我们的想法不能更有创造性一些呢”这样的话。然而，最终结果是一事无成。

给阻碍议事者的建议：为自己设定具体的目标。与其有一个待办事项列表，不如为你想在给定时间内完成的事情设置期限。然后就按时完成吧。

9. **自我局限者。**自我局限者从来不觉得自己足够好或者足够重要到要发表意见。他们通常比较年轻，而且可能很聪明。

给自我局限者的建议：大多数人在其职业生涯中感到安逸时就不再是自我局限者了。有些自我局限者需要得到自信心方面的帮助。

10. **工作头衔势利眼。**这种人喜欢公司中不同层级之间严格的等级制度。我们讨厌这种做法。如果我们要与客户进行一次不是特别重要的会面，我们宁可带一些年轻员工出席，而不带那些高级经理。

给势利眼的建议：如果你已经爬到了公司的高层，在做事时一定要让年轻人和级别低的员工参与进来。这对公司文化和他们都有益。

对你有效吗

谈及文化，很重要的一点是要建立一个开放且等级不那么森严的系统，在这个系统中，失败是可以接受的，学习更重要。在开始思考文化之前，问你自己以下问题。

- 我们的工作场所是否令人愉悦？
- 员工是否努力工作？
- 是否每个人的意见都能得到倾听？

- 我们是否能让员工获得成就感？
- 我们是否让他们同时承担责任？
- 我们是否足够多元化，从而能够确保获得成功？

思想领袖的观点

如果你确实能建立起创造和培育独角兽的文化，那你就比该领域的大多数公司做得更好。从文化角度看，你必须让工作变得有趣。你必须创建一种协作的环境，包括从办公空间的设计到确保你有适当的社交活动等。这不是一个简单的问题，却极其重要。

布莱恩·莱塞

邑策公司全球首席执行官

我主张并始终努力培育一种有利于创造卓越且具有张力的文化。我喜欢打破竖井思维和森严的等级制度。一个真正伟大的想法可以来自任何人、任何地方。我们不应当太矫揉造作。我经常会遇到过于推崇历史智慧的团队。经验中确实有智慧，但是我们也必须认识到环境的变化。彼时的好观点可能不再适用于当前的挑战。当然，我也相信伟大的观点会历久弥新，只是在应用它们时需要与时俱进。最后，你要谨防虚假的和谐。彼此间的真诚有利于更好地完成工作，只要你们被共同的目标团结在一起，这就是对一种令人信服的、真诚的信念的有力回应。

迪安·阿拉贡

壳牌石油公司全球品牌副总裁和首席执行官

我主张创造者的文化。有很多关于企业家精神的讨论，但是如果你不实践自己的观点，那么这些讨论就可能毫无意义。为了确保找到适合我们的文化，我们会让应聘者参与一项创意挑战并将结果展示给我们的团队。这种方法有助于我们在成长过程中保持文化的延续性。

艾丽西娅·麦克威

Swift 公司联合创始人和首席创意官

我认为文化决定着一切。如果你有一种令人恐惧的文化，那么员工就会花过多的时间关注细节，他们会错失很多良机。我认为文化是公司业绩的关键。

克里斯·斯克金斯

英国国家铁路咨询网首席执行官

留住员工很重要的一个方面是工作是否有趣、吸引人和充满活力，另一个方面是公司是否会获得成功。坦白说，这两个方面可能同样重要。你需要有趣的工作，但是也需要让员工相信他们参与的是将会获得成功的事业。

麦克·多德

奥斯汀风险投资公司合伙人

我认为伟大的团队远远胜过其各个部分。它们拥有不仅敢于承担风险，而且知道团队比任何个体都要更强大的领导。个体对自己的工作负责，懂得批评是对事不对人的，并且能够利用冲突、幽默和玩笑产生创意。当你能够在快速迭代的环境中做到这些时，你就能获得成功。

唐娅·派克（Tonya Peck）

POSSIBLE 公司首席人才官

尽管商业世界借鉴了“文化”这个词，但是我认为有必要退后一步，并且牢记这个词的意义。对我来说，文化具有两种相互依存的意义，它们对一个健康的组织来说都很重要。第一，公司的文化、共同的价值观和理想能够让员工在应对不可避免的不断变化时始终团结在一起；第二，文化本身具有时代性，因此公司找到一种与社会趋势和变化保持联系的方式很重要。当你将这两种意义结合在一起时就有可能会获得成功。通过这种方式，员工正在体验和创造一种企业文化，这种文化能让他们真正感受到自己在未来生活中真正关注的事情。这只能帮助一家正在尝试创新，并以一种可靠且相关的方式与客户保持联系的公司。企业界能够从文化中学到很多。

乔恩·麦克威

POSSIBLE 公司首席创意官

尊重同事与客户是建立良好文化的关键。如果在工作中感到被尊重，你更有可能投入地工作并挑战自我，更有可能进行开诚布公的对话，从而建立起牢固的关系，进而形成良好的代理公司文化。如果没有尊重，员工很难对典型的代理公司福利（如食物、酒水和乒乓球桌等）领情，这些与文化紧密相关。

莉兹·瓦伦丁

Swift 公司联合创始人和首席执行官

我一直在指导我的团队思考接下来他们想做的两份工作，而且我会让现在分配给他们的工作与未来的工作保持一致，让他们为在接下来的两份工作而不只是一份工作中获得成功做充分的准备。

格蕾丝·霍

SAP 公司亚太区日本公司营销部门总经理

eBay 有一年一度的创始人日，在那一天，创始人以及那些已经被 eBay 收购的公司的首席执行官们会聚在一起，围绕如何让 eBay 更成功进行主题广泛的讨论。首席执行官约翰·多纳霍（John Donahoe）会全天参与。他带来了他的下属，其中很多直接下属都是被收购公司的首席执行官。他们不断升职，现在担任着 eBay 公司的领导职务。约翰·多纳霍很有威信，他说："我们投资和收购你们是有原因的。我们希望看到你们在这里大展宏图。"

麦克·弗雷德根

Decide.com 总裁和首席执行官

持有跨部门或者跨学科的观点是有风险的，因为这可能让人们容易被利用。然而在健康的组织中，这样的员工会受到称赞，因为这对企业更有益。

克里斯·科恩斯

Spredfast 公司分析 / 调查部门经理

《趋势学》一书的作者

我们要欢迎并接纳来自各种创意视角的反馈。你可能需要一个能够掌控并影响品牌的独角兽，但其实你需要的是一些局外的、可以自主去考察的独角兽，因为个体自身无法囊括品牌的各个方面。

菲利斯·杰克逊

宝洁公司市场研究部北美地区副总裁

当我们期望为客户提供创意或者解决方案时，我们需要回答的最重要的一个问题是“那又怎样”。创意或者解决方案必须对品牌有商业意义，更重要的是它必须对客户有意义。在这个高度互联的世界中，与客户交流互动的权利至高无上。如果走错一步，你将要清理一连串的消极反馈。因此，在亚洲，越来越多的企业将其营销团队和数字团队整合在一起，形成一个可以无缝构建品牌体验的团队。改变无时无刻不在发生。

保罗·苏恩

POSSIBLE 公司亚太地区首席执行官

我们试图在我们的文化中添加“可能性思维”，也就是问“如果……将会怎样”，而不是说“是的，但是……”。这样，我们的冒险就是在充分了解信息的情况下的有效冒险。如果那是我们想要达成的目标以及成功的样子，那么就让我们想一想为了实现它，哪些事情必须是真实的。很多时候，创新和突破就是这样产生的。在结束一天工作的时候，我们希望我们的企业文化是高速运转的，因为如今的市场窗口已经与以前大不相同了。

麦克格雷戈·阿甘

英特尔公司营销事务部总经理

文化是创新的动力，因为它不仅是我们所处的环境，还关系到我们如何雇用员工、如何授权、如何提升我们的想法。当你反复这样做，直至成为习惯时，创新就会变成常态。文化首先关系着团队的成败。没有人能独自获得成功，我们将会一起成功或者一起失败。

麦克·里德

POSSIBLE 公司品牌战略与洞察部门高级副总裁

衡量重要的事情 06

MEASURE WHAT MATTERS

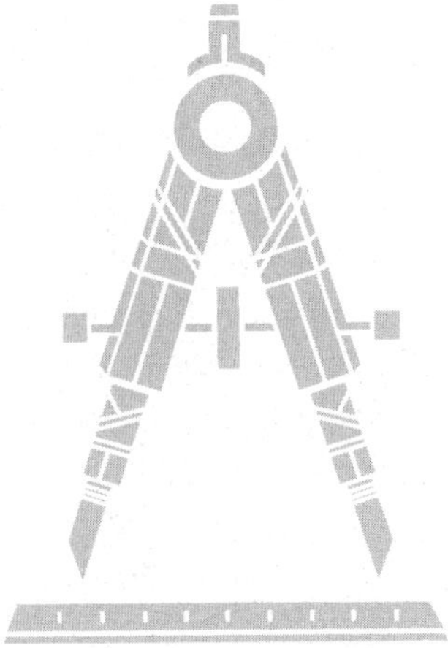

你如何知道自己在向着目标前进？你必须对那些一步步通往目标的事物进行衡量。这并不像看起来那么容易。今天，我们可以获得大量的数字化数据，但其中很多会使你远离成功，比如社交媒体数据、移动应用统计数据以及媒体表现数据等。简单的衡量常常会误导你，让你以为自己做得很好（网页的访问量增长了100%），其实不然（而销售量已经下降了40%）。

相反，我们必须将衡量指标结合起来使用或者设计出新工具，使我们能够更准确地衡量出我们所做之事的影响。这意味着我们要接受那些困难的，而且有时不那么精确的衡量方法，这些方法能够直抵什么有效、什么无效这一问题的核心。

挽救生命的完美方法

比尔及梅琳达·盖茨基金会为我们提供了有关衡量的有趣观点。基金会有一个被称为“结果投资”的流程，要求基金会的任何资助（或者投资）都必须有明确的目标和可追踪的衡量指标，而且基金会与合作伙伴事先要对目标和指标达成共识。正如基金会网站所解释的那样：

> 从捐款过程一开始，我们就会与合作伙伴一起明确我们希望达成的目标以及衡量结果所需要的数据……为了让合作伙伴在如何达成目标上具有灵活性，我们不要求他们汇报所有的活动。相反，我们会有目的地衡量这一过程中那些有助于不断学习和调整的最关键指标。

有时他们的倡议很容易衡量。例如，2010 年基金会进行了其成立以来最大的一笔捐款：投入 100 亿美元，为世界各地的儿童提供疫苗。在宣布这一消息时，比尔·盖茨指出，该项目在未来 10 年将主要通过预防艾滋病、肺结核、轮状病毒和肺炎等疾病挽救 760 万儿童的生命，每个儿童大约花费 130 美元。

“疫苗是个奇迹，”梅琳达·盖茨在 Facebook 上写道，“只需要打几针，孩子们就可以终身不受致命性疾病的侵害。疫苗具有非常高的成本效益，而且能够挽救生命。疫苗彻底消灭了天花，而且在短短 20 年中使脊髓灰质炎的发病率降低了 99%。”

疫苗的作用比较容易衡量。你只需要用接种疫苗的孩子数量乘以如果不接种便会死于疾病的孩子的百分比就可以了。如果 1000 万个孩子接种了疫苗，死于轮状病毒的儿童平均比例为 2%，那么疫苗就能挽救 2 万个孩子的生命。

当然，并不是每一件事都这么容易量化。基金会也在很难衡量的事情上进行过投资，比如研究更好的疫苗。尽管如此，他们并没有放弃他们的方法。他们想出了衡量模糊事物的指标，比如衡量纪录片的影响或者研究项目的成本效率。对于这些比较困难的衡量，他们会聘请相关领域的专家，采用复杂的评估体系来判断流程是否令人满意或者是否需要改变方法。他们还会定期对评估体系进行评估。

DOES IT WORK?

> 我们必须从整体商业成果的视角来审视广告活动的效果，而人们常常忽视了这一点。
>
> 丹尼斯·卡尔科斯
>
> 互联网券商 TD Ameritrade 首席营销官

目标与虚荣指标

当然像所有事情一样，衡量重要的东西需要我们有坚定的目标和标准。正如我们在本书第 1 章中所写，目标应当满足 SMART 原则，而且是导向商业成功的。我们用来评价目标的衡量指标应当真实地反映成功。

我们尤其需要避免虚荣指标。它们是现成的指标，本身并没有任何意义。通过一个节食的类比，你能够很容易地理解虚荣指标的问题所在。假设你厌恶了自己走样的身材，想要吃得更健康。健康网站建议你这个年龄和体重的人每天摄入 2000 卡路里的热量。你说："太好了，我能做到。毕竟一根奇巧巧克力棒的热量仅为 218 卡路里，我太喜欢吃奇巧了。所以我要节食，每天只吃九根巧克力棒，那样我会非常健康。"

显然这太荒谬了。营养不只有热量，就像营销不只有单一的指标一样。但是你会吃惊地发现，很多知名品牌也会犯这样的错误，而且多来年一直如此。

在数字营销领域中有很多虚荣指标，比如 Twitter 粉丝数、应用程序下载量和页面访问量。这类指标不一定表明你已经获得了成功，它们仅仅表示你吸引了流量。如果你的目标只是追求这些指标，那么它们会把你带入歧途。

例如，最近，一家公司找我们公司来帮忙解决一个问题。多年来，该公司一直在采取进取型策略增加 Facebook 上的粉丝数。它非常成功，最终建立了一个庞大的粉丝群。

然后，该公司遇到了有关粉丝的问题。它们很快发现，粉丝的行为与销售之间没有任何关联。粉丝数量增加了，而它们的收入却没有增加。于是，我们开始分析这些数字并且发现，只有一小部分粉丝购买了它们的产品。实际上，相当多的粉丝生活在那些根本买不到它们产品的地方。这些粉丝只是喜欢该品牌在 Facebook 上发布的内容，但这对企业并没有实际的帮助。

DOES IT WORK?

> 营销人员想要量化数字营销的影响，但常常应用了错误的指标。长期以来，他们衡量的是传统媒体的投资回报率，但对于数字营销项目，比如社交媒体和移动产品等，就缺乏相应的最佳实践和基础数据。为了填补这个空白，营销管理者会认为诸如社交媒体上的点赞数等这些虚荣指标很重要，而这些指标并不能显示数字化对企业业绩的影响。
>
> 摘自福瑞斯特咨询公司于 2014 年 9 月发布的报告
> 《为了实现有效的数字营销，首席营销官需要做什么》

好消息是我们的客户删除了一个无害的指标。没有人会因为庞大的 Facebook 粉丝数量而受到批评，他们已经学到了很多关于如何制造好的社交媒体内容的知识，不过他们应当让这种资产更好地为他们服务。一旦达成了目标，我们便可以设计出一套更有效的指标。

DOES IT WORK?
10 Principles for Delivering True Business Value in Digital Marketing

糟糕的衡量如何伤害到每个人

你可能认为糟糕的衡量只是伤害了衡量者。但根据邑策公司全球首席执行官布莱恩·莱塞的说法，事实并非如此。他说在购买广告时，营销人员常常希望少花钱，同时获得令人瞩目的点击率。而这反过来却阻碍了广告技术公司仔细监督它们的系统，即允许僵尸网络、幽灵网站以及其他骗人的把戏进入系统。

“当你只关注点击率或者在线用户转化率时，你就是在邀请坏人进入系统。这些坏人在没人关注的网站上投放广告或者制造点击广告的机器人来获得访问量和点击率。”莱塞说。

换句话说，关注错误的指标不仅对你有害，而且对每个人都有害。

改善简单的衡量

为了避免衡量错误的事情，我们必须意识到三种常见的偏差：过度依赖现成的指标、忽视长期目标以及过分强调近期的活动。我们应当如何克服这些偏差呢?

过度依赖现成的指标

长期以来，广告商会根据一个简单的指标来购买广告牌空间：开车经过的人数。这个数据本身很容易获得，只要用估算出的流量乘以广告投放天数就可以了。这样，你就成功地估算出吸引了多少眼球。这其实是一种比较直接的衡量方法。它没有考虑广告牌被看到的难易程度、什么类型的车经过广告牌、车里坐着什么人以及他们是否容易受到广告牌上广告的影响。你需要调查一下，并查看一下真正能够反映出广告影响力的行业数据。

例如，假设我们想衡量一部关注世界饥饿问题的纪录片的效果。我们的衡量方法很简单：该片的观看数量。我们可以统计出卖票的数量和下载量，并且可能将此作为我们对成功的定义。这是行不通的。观看数量是成功的象征，但更重要的问题是，随着时间的推移，这部纪录片是否也成功地改变了观众的观点和行为。他们可能在看完电影的第二天就彻底把它忘记了。如果是这样，那么相对于只吸引了一小部分观众，却能真正激发他们团结起来做出改变的电影，这部纪录片就不那么成功了。

最近，我们看到了一种被称为“懒人行动主义”（slacktivism）的趋势，数百万人在 Twitter 上发布一个带有某个社会问题的话题标签。近期最著名的例子是 2012 年的科尼行动，它鼓励人们在 Twitter 上发布关于约瑟夫·科尼（Joseph Kony）的电影的内容。这项行动希望引起人们关注一个问题，那就是约瑟夫·科尼没有被起诉。行动的确引起了人们的关注。在世界各地的名人都在 Twitter 上发布了关于这部电影的内容后，电影获得了超过 1 亿次的点击量。问题在于，事实证明，Twitter 并不是抓住一个完全不受约束的人的好方式。在我写这些内容时，科尼依然逍遥法外。

在商业环境中，现成的衡量指标（如 Facebook 的粉丝数和发布的内容数量）需要与比较难获得的信息（如品牌人气或者社交媒体带来的收入）结合起来。这是全面了解宣传活动的效果的唯一方法。

平衡短期指标与长期指标

几年前，我们与一家服装公司合作，以帮助其首席营销官优化品牌的电子商务业绩。当时，该品牌的数字资产拥有 2.5% 的转化率，但他的老板决定将根据这个比率的改善来确定他的奖金。

"我们必须达到 3%。"他说，也就是达到行业当时最高的水平。

那意味着要增长 20%。于是，我们在测试项目上采取了非常积极的态度，最终将转化率提升至 3%。然而，我们担心这样做会降低非购买者对这个网站的兴趣。因此，我们采用了一套不同的衡量方法。首先，我们通过调查找出有多少访问网站的人会到其他地方购买。结果显示，人数远比在这个网站上购买的人数多得多。人们显然只看不买，然后要么在实体店购买，要么在另一家网上零售店购买。

然后，我们对访问网站的人进行了调查，了解他们对我们做出改变的看法，结果发现他们非常不喜欢这些改变。虽然其中 3% 的访问者完成了购买，但是 97% 的访问者对网站感到失望。因此，虽然转化率提高了，但是受网站影响的总体销量（在总销量中占很大的百分比）下滑了。为了改善一个有损客户真正利益的指标，我们让大量消费者失去了对我们的兴趣。我们把数据拿给那位首席营销官看，他改变了态度，于是我们又恢复了原来那个有效率却不卓越的网站。

虽然我们倾向于将短期推广活动与长期品牌活动区分开考虑，但两者都会产生影响。你需要平衡短期成功的指标与长期成功的指标。

过分强调近期的活动

我们可能还会过分强调转化之前发生的事情。例如，你不能把注册参加试驾的人数完全归功于在 Instagram 发帖子。你必须进行更多的考量。

为了说明这一点，有时我们会用杰出的足球前锋做类比，人们通常会将进球的所有功劳都归于他。因此，球队老板会把过多的钱花在他身上，而忽视了中场和后卫的薪水。一段时间后，前锋得到球的机会会减少，因为球队的其他成员一团糟，花在明星球员身上的钱被浪费了。

因此，每当你看到一种转化，你不应当把它的成功完全归因于某一项活动，当然也不能完全归因于最后一次点击。相反，你应当尝试了解转化过程中的各种影响因素以及之后会发生的事情。

DOES IT WORK?

我们在强调衡量的重要性方面获得了成功。在某种程度上，我们也是这种成功的受害者。现在你可以使用十几种工具中的任意一些，它们将以极其详细的方式对目光最短浅的指标做出反馈。真正的悲剧在于大多数指标虽然容易获得，但是它们对企业真正重要的衡量（如收入、品牌认知度和忠诚度等）至多只具有次要影响。这些指标除了比较容易获得之外，对企业目标并没有什么价值。我们应当摒弃这类指标。

你能够衡量并不意味着你应当去衡量。我们的衡量方法常常包括舍弃那些模糊的或者会分散我们注意力的数据。

杰森·卡梅尔

POSSIBLE 公司营销部门全球高级副总裁

有方向性的衡量

没有一种衡量方法是完美的，但奥秘在于它们不需要完美。例如，假设你负责管理一家餐馆。你几乎没有什么营销渠道，而且所有营销渠道都很难衡量。于是，你在繁忙的高速路上树起了广告牌，然后追踪两个指标：第一个是顾客数量的整体增长；第二个是对顾客进行的随机调查，了解什么促使他们来到你的餐馆。最后，你虽然不了解广告的有效性，但是你对是否应当继续在公共空间做广告有了一些认识。

关于衡量，你不需要对每件事都了如指掌。营销并非发生在大学的实验室里。噪音是商业的一部分。相反，你必须承认的是，部分模糊的衡量通常胜过没有衡量，只要衡量的是正确的事物。如果你的妈妈问你室外的温度，而你没有温度计，你可以把胳膊伸到窗外，告诉她是否应当穿上外套。同样，了解一些事情好过一无所知，而且了解这些通常已经够用了。

从技术上讲，很多衡量是有方向性的。它们并非 100% 精确，但是如果你了解了它们的不足之处，它们依然是很有帮助的。它们不会告诉你准确的风速，但能告诉你风的方向。关于“它有效吗”这种方法，你需要大致知道事情是否有效。我们提出的这种衡量困难之事的方法并不完美，但是它能够为你提供有用的信息。

如何衡量困难之事

那么，你应当如何衡量数字营销中的困难之事呢？以下介绍三种基本方法：

- 将线下和线上联系起来；
- 衡量目的、意识和理解力；
- 了解微转化。

将线下和线上联系起来

假设你是一个大型零售商，既有实体店销售，也有网店。如今，你可以在线上和线下做一些有趣的事情。例如，如果你能够让顾客下载你的应用程序，如果他们开着应用程序进入商店，导购就能知道他们在找什么类型的商品以及他们可能购买什么。这样，你就可以看到线上和移动端的推广如何转化成了实体店的销售。

换句话说，你在线上活动与线下活动之间建立起了数据联系。你也可以对忠诚计划和会员卡采用类似的方法。例如，星巴克的一款应用程序就将数字世界与现实世界很好地联系在了一起，通过追踪基于应用程序的优惠和促销活动的效果，品牌就能够轻松地发现什么对最忠诚的客户具有激励作用。另外一些显而易见的例子就是航空公司或者酒店的积分活动或者商场的会员卡。

你还可以采用所谓的“追踪”（trackback），它涉及使用你所拥有的信息在不相关的数据之间建立起联系。例如，在美国，很多与汽车相关的记录是公开的，而且这类数据相对比较容易获得。通过这些数据，我们就可以知道谁拥有某辆汽车以及他们住在什么地方。假设你是一个汽车制造商，想知道你的移动网站是否在发挥作用。为此，你可以收集潜在客户的信息，比如他们的名字和地址。6个月后，你可以比照公共数据库查看这些名字，看他们是否登记了你公司生产的一辆新车。你可以将这个信息与此人在移动网站上的行为进行比较，由此就能比较清楚地了解移动网站是否在发挥作用。

衡量目的、意识和理解力

几年前，我们有一位电信客户想让我们帮他在线上卖出更多的手机。当时，消费者通常会选择在实体店购买手机。尽管我们做了很多尝试，但是在改变消费者行为，即让他们在网上购买手机方面只获得了微不足道的成功，而且不足以证明增加投资的合理性。但是，就像事情进展不顺利时经常会发生的情况那样，我们确实学到了如何让数字体验更多地影响销售的方法。

虽然很少有人在网上购买，但是有很多人会访问品牌的网站。于是我们开始做店面调查，并且了解到一个惊人的事实：如果人们在走进商店之前就知道他们想买的手机的品牌和型号，那么他们购买的可能性是只是随便了解一下的人的4倍。我们还发现，那些访问过网站的人和那些知道手机品牌和型号的人之间存在着很强的相关性。

换句话说，我们发现公司的数字资产有利于驱动购买意识和意愿。因此，我们将网站的重点更多地转向了介绍手机，而不是促成购买。我们还改变了成功的标准，而以一种我们都没想到过的方式衡量网站的有效性，进而衡量投资回报率。

你从这个例子中学到了什么？你永远可以向消费者提出问题。这些调查既可以在线上进行，也可以在线下进行，而且即使这些调查不可能100%准确，但它们依然可以很好地显示出你的营销效果如何。

了解微转化

汽车制造商应当都非常喜欢那些可以让你制造虚拟汽车的在线工具。为什么呢？因为调查显示，使用这种工具的人比不使用的人更有可能购买汽车。

我们称这类活动为微转化。它是人们在实现购买的过程中所采取的步骤，虽然它不是购买本身。你可以把微转化想象成你在购物中心的美食广场上寻思该吃些什么的情况。如果你走了进去，那就是一次微转化（说明你很饿）。如果你走向一家餐馆，那也是一次微转化（说明你对它感兴趣）。浏览餐馆的菜单是第三次微转化。接受收银员提供给你的试吃品是第四次微转化。最后你买了一些食物，那才是真正的转化。在每一个微转化阶段，你都表现出了更大的购买意愿。从理论上看，你永远可以在最后一刻放弃，转身走向街那头的 Applebee' s 餐厅，但很可能你不会那样做。

另一种微转化被称为"延迟的转化"，也就是用户表现出强烈的购买意愿，但他暂时不会把意愿转化为行动。例如，即使当某人有资格贷款买房时，他也不一定去贷款。事实上，贷款的数额将取决于他找到想买的房子、达成的协议以及在价格方面获得银行的批准等。所以，虽然他表现出想买房的意愿，但是有很多因素阻碍他实际去做。在那之前，银行无法从消费者身上赚到任何钱。

衡量长期成功

到目前为止，我们主要讨论的是短期活动。如果你是某品牌的拥护者，你可能想知道这一切与你有什么关系。所以，让我们谈一谈品牌价值、人们通常如何衡量品牌价值以及我们认为它可以改善的方式。

主要的代理公司和广告公司每年（几乎总是以年为单位）都会发布评估全球品牌实力和价值的研究报告。它们通常会采用基于调查的方法，从成千上万的消费者那里收集数据，认真审视从品牌认知度到品牌情感等众多指标。它们还会关注外部因素，尤其是金融因素，最后确定与其他品牌相比的价值。

无论它们多么严格，所有品牌评估研究都依赖于主观判断。某地的某人必须决定如何得到各种数据。例如，它们都会使用“无辅助品牌回忆”（unaided brand recall）这个指标。换句话说，如果我们让你说出十家智能手机公司的名称，2015年，你可能最先说出的是苹果公司和三星公司。为了确定某个品牌的价值，你必须赋予每个品牌一个数值。另一个问题衡量的是净推荐值（net promoter score，NPS），这是一个客户忠诚度指标，衡量的是是否有人会把该品牌推荐给他的朋友。为此，你必须赋予每个品牌另一个数值。实际上，你有很多衡量标准，但你只是对每种品牌的重要性做出判断。

毫不奇怪，这类调查在排名和绝对值上有很大的差别。不相信？让我们来看一看最近对全球品牌实力进行的两项研究。每项研究都是在同一时期由一家备受尊敬的品牌服务公司进行的，而且都使用了透明的方法向全球数百万消费者提出了问题。两项研究都根据销售数据和其他财务数据证实了它们的发现。然而，它们得出了惊人的不同结论（如表 6-1 所示）。

表 6-1　　对全球品牌实力进行的两项研究

调查 1		调查 2	
1. 可口可乐	718.61 亿美元	1. 苹果	1532.85 亿美元
2. IBM	699.05 亿美元	2. 谷歌	1114.98 亿美元
3. 微软	590.87 亿美元	3. IBM	1008.49 亿美元
4. 谷歌	553.17 亿美元	4. 麦当劳	810.16 亿美元
5. 通用电气	428.08 亿美元	5. 微软	782.43 亿美元
6. 麦当劳	355.93 亿美元	6. 可口可乐	737.52 亿美元
7. 英特尔	352.17 亿美元	7. 美国电话电报公司	699.16 亿美元
8. 苹果	334.92 亿美元	8. 万宝路	675.22 亿美元
9. 迪士尼	290.18 亿美元	9. 中国移动	573.26 亿美元
10. 惠普	284.79 亿美元	10. 通用电气	503.18 亿美元

在调查 2 中，苹果公司的品牌价值是调查 1 中的近 5 倍。调查 2 中排名第 10 的品牌的价值比调查 1 中排名 5~10 的品牌的价值都高。调查 2 中排名第 7 的品牌

在调查 1 中没有进入前 100。在这两项调查中，任何品牌的排名都不同。这说明了什么？品牌估值是毫无意义吗？并不是这样。它告诉我们，即使是方法上的微小调整也可能导致结果的巨大差异。

为品牌设定价值是一个复杂的过程。每项调查都有一套不同的方法。你可以把多项调查的结果汇总起来进行平均。不过在这样做之前，你还必须对这些调查进行权衡。然后，我们回到了相同的问题上。

一个比较重要的问题是一项通用的调查是否有意义。苹果公司与可口可乐公司没有相似之处，IBM 公司与万宝路公司也没有什么共同点。对一个品牌有价值的东西可能对另一个品牌完全不重要。事实上，这类调查的娱乐性和营销价值大于其实际功用。这类调查很有趣，但你需要对它们有所保留。

建立一个更好的模型

大品牌研究存在一些不足，我们需要完善这些研究，以一种有用的方式衡量品牌的活力。

- **速度**。大型调查通常需要用较长的时间来编制，因此常常以年为单位进行。这使你很难了解你付出的所有努力之外的任何情况。这还使你不可能在短期内采取行动。当你发现问题时，它们已经根深蒂固到你无法解决了。
- **相关性**。很多调查会引起品牌之间的混战。你应当从竞争对手的角度来看待品牌的实力。如果只是关注你自己的品牌价值，那么你会看到适度的增长并认为一切都进展顺利。你可能忽视了一个事实，即虽然你做得不错，但竞争对手的品牌价值正在飙升，并且很快将占据你的市场份额。
- **特异性**。拥有多种产品的公司通常对不同受众有不同的品牌实力。微软公司就是这样的公司，权威人士常常称它死气沉沉，这是因为他们只对自己熟悉的产品线做出了判断。他们忽视了微软公司在不那么公众化的领域（如企业软件和游戏领域等）中也拥有众多狂热的追随者。对很多品牌来说，了解品牌的整体实力不如了解某些产品线的实力。
- **行动**。我们需要一种能够让我们采取行动、衡量结果并推动事情发展的方法。我们喜欢净推荐值这类指标的一个原因是它们提供了可执行的洞察力，并且让我们知道人们是否喜欢我们的品牌及其原因。

获得初步印象

让我们从一种工具开始，这种工具虽然无法精准衡量品牌实力，却能够快速提供关于品牌如何发展的有用信息。这种工具就是社会情绪分析。它能够完成两件事：第一，关注谈论你的品牌的人数；第二，关注人们谈论的内容，判断这些内容是正面的还是负面的。通过将这两者结合在一起，你可以了解消费者对你的品牌发生的短期态度改变。如果你的超萌小狗广告在网络上疯传，那么你会感受到品牌被提及的次数以及积极情绪都会迅速增加。如果一位员工在 Twitter 上发布“我们的顾客脑子有问题”等类似内容，你会看到相关销量的轻微下滑。

2014 年，我们分析了美国职业橄榄球大联盟（National Football League，NFL）球员理查德·谢尔曼（Richard Sherman）的数据（如图 6-1 所示）。他在美国橄榄球联合会冠军赛结束后有过一次怒吼。谢尔曼是一位复杂人物，一方面，他是一个争强好胜、留着长辫、说着脏话的橄榄球运动员；另一方面，他是斯坦福大学的毕业生，是天赋异禀的演讲家和作家，也是热情的教育倡导者。当对他的争议越来越严重时，他被提及的次数迅速增加，而人们对他的积极情绪迅速下降。后来，谢尔曼接受了几次采访，当人们看到这位咄咄逼人的橄榄球运动员其实是一个有思想的聪明人时，他们的态度也缓和了。

社会情绪分析也可以了解品牌的类似趋势。不过需要注意的是，社会情绪不同于品牌实力，你应当对其进行衡量并做出相应的调整。麦当劳就是一个很好的例子（如图 6-2 所示）。麦当劳的品牌实力很强，但是社会情绪相对较差。这是因为麦当劳的粉丝通常会在社交媒体上保持沉默，而批评它的声音很大，又经常出现。更突出的一点是，麦当劳的品牌情感几乎从未发生过变化。例如，我们在索契冬奥会的筹备阶段对它进行了跟踪研究。当时，麦当劳受到了同性恋权利行动人士的猛烈抨击。有趣的是，尽管品牌被提及的次数增加了，但是社会情绪几乎没有变化。

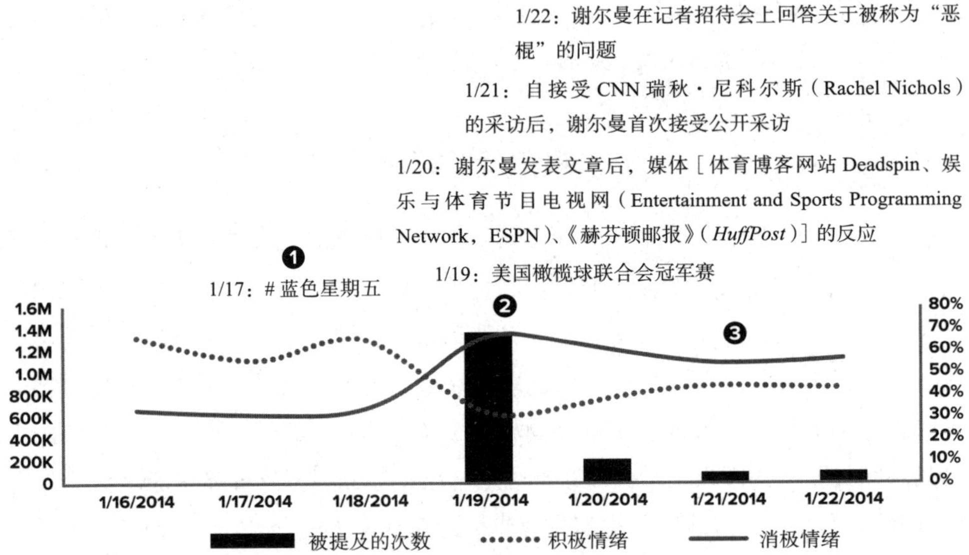

❶ 在 # 蓝色星期五 和星期六，对理查德 · 谢尔曼的积极情绪的社交转化率超过了 50%。

❷ 由于谢尔曼的“怒吼”，消极情绪在全国橄榄球联合会冠军赛后增长了 100% 多。

❸ 谢尔曼在《体育画报》（*Sports Illustrated*）上撰文并接受 CNN 瑞秋 · 尼科尔斯的采访后，从星期天开始，积极情绪增长至 40%。

图 6-1　情绪趋势

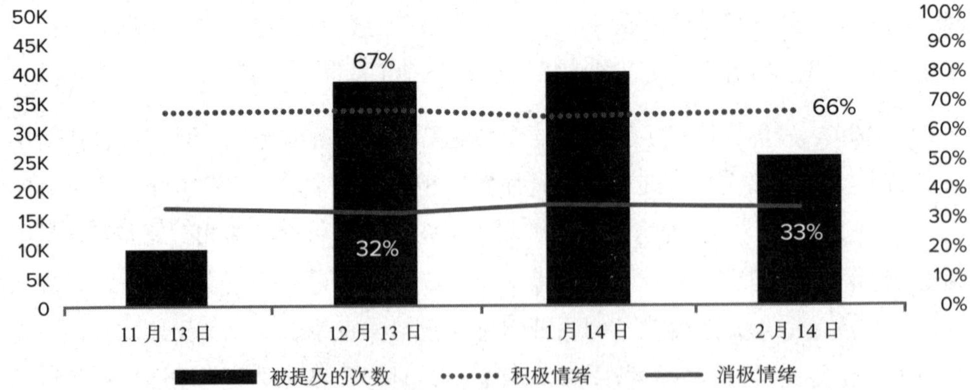

图 6-2　麦当劳的社会情绪和被提及数量（月度）

这说明麦当劳是一个非常有活力且影响深远的品牌，或者说明索契的行动人士没有得到广泛的支持。就像大多数衡量方法一样，社会情绪分析的关键是清楚地认识到这些数字对你意味着什么。品牌专家严厉地批评了麦当劳对索契行动人士的批评之声的低调回应，但是数据证明其做法是正确的。

长期衡量的指导方针

从长期看，你需要一个逐渐了解品牌实力的过程。对于不同的品牌，有效的衡量方法是不同的。因此，营销人员为这项工作开发了很多系统。我们不支持其中任何一个系统，而是建议你寻找一种适合你品牌的方法。也就是说，有一些原则是你在对任何品牌进行评估的过程中都应当遵循的。

- **了解你的目标**。品牌价值不是一个绝对值。它反映了朝着目标前进的过程。如果你了解你的商业目标，就可以开始做出关于哪种衡量方法是重要的明智决策。如果整体的品牌认知度对你很重要，那么就要给予它更多的考量。如果口碑营销能够推动销售，那么比起品牌认知度，消费者的拥护能够更好地衡量品牌的实力。
- **在方法上达成一致**。我们发现了上述调查之间的巨大差异，这可能会让你认为品牌实力分析是无稽之谈。实际上，这并不是差异的意义。差异告诉你，了解品牌价值没有通用的方法。相反，你需要找到一种评估品牌价值的方法，这种方法对你以及你所在的行业都是有意义的。然后，组织中的每个人需要对这种方法达成共识。
- **使用但不要相信数据**。苹果的品牌价值是 760 亿美元还是 1430 亿美元？答案并不重要。它只关系到相对于你的竞争对手或者上一次的数据，你的情况如何。苹果不可能卖掉它的品牌，这不是评估品牌价值的关键。你只需要知道相对于你的竞争对手，你的价值是上升了还是下降了。更重要的是为什么会发生这样的变化。
- **把你的竞争对手纳入考虑范围**。要始终在你的竞争对手的背景下评估品牌的价值。正如你对自己进行研究和评估一样，你必须对竞争对手也进行相同的研究和评估。这会让你了解到自己品牌的相对实力，而且不受你在你所属行业受欢迎程度的影响。

- **追求速度**。评估品牌价值通常是一个缓慢的过程，需要花费一年的时间。如今，数字化工具可以让你更频繁地审视你的品牌，如果有需要，可以让你迅速地做出方向调整。当然，追求速度可能会牺牲一定的准确性。然而，你将获得根据你的发现而快速采取行动的能力。
- **考虑品牌的知晓范围**。掌握知道你的品牌或者产品的人数，以及他们有多大的影响力。例如，我们探讨过辅助回忆测试和无辅助回忆测试，这些测试有助于你了解有多少人知道你的品牌。不过，你应当将它们与社会情绪分析结合起来。社会情绪分析显示了品牌传播的强度和深度。如果每个人都知道你的品牌，却没有人谈论你，那么你就应当引起注意了。人们很熟悉裹着焦糖的爆米花花生糖，却很少有人谈及 Cracker Jack 这个品牌。
- **不要忘记品牌情感**。当人们知道你的品牌时，品牌情感会告诉你他们对品牌有什么看法。这不仅包括诸如好感度和客户满意度这样的指标，而且还包括情感强度或者人们购买或者推荐你的品牌的可能性。
- **不断重新评估你的方法**。事物是变化的。如果一开始你是一个发起挑战的品牌，你会非常关心有多少人知道你的名字。那时，无辅助品牌回忆就对你非常重要。随着品牌的发展，情况可能就没那么糟糕了。就像比尔及梅琳达·盖茨基金会会不断地评估它的评价方法一样，你也应当评估你的方法。如果某些事情（无论是人口统计学上的还是地理上的）发生了改变，你也需要随之做出改变。

目标原则

当然，我们必须以警告结束本章内容。有些品牌太把评价当回事了。评价本身并不是终点，但是如果你太努力地去改变它，并且忽略了其他事情，你就有可能陷入困境。无论衡量什么都关系到某种平衡。我们衡量的是短期和长期目标。我们在衡量广告活动是否成功的同时也关注着品牌。

这意味着商业目标依然支配着我们的行动。如果你有坚定的目标，那么你自然会找到一些困难的衡量指标，这些指标能够显示出你的进展。你在 Facebook 上的粉丝数增加了 10 万，却对销售没有影响；你有 100 万个用户，但如果他们都不关注你的广告，你就没有商业模式。但是如果有好目标，你就不会对这些指标感兴趣了。你感兴趣的是看看哪些粉丝会转化为用户以及哪些粉丝有助于提升品牌认知度。

衡量这些东西需要深思熟虑和聪明才智。这不仅是一门科学，还是一门艺术。对你的公司来说，它像其他创意一样重要。

对你有效吗

衡量什么才是重要的对于充分利用“它有效吗”方法至关重要。以下这些问题有助于你开始思考如何衡量正确的事情。

- 我们用什么指标来衡量成功?
- 我们能把这些指标与成功联系在一起吗？还是我们通过衡量一些简单的指标（如点击量、点赞数和曝光次数等）走了捷径?
- 我们的指标是否让我们形成了短期思维?
- 我们是否太关注转化之前发生的事情，而把实际情况过度简化了?
- 当无法使用简单的指标或者无法逐步走向成功时，我们是否能够接受方向性指标?
- 我们是否有衡量品牌长期实力的工具和流程?
- 我们是否正在用诸如社会情绪这样的短期指标来为品牌把脉?
- 我们衡量成功的最终指标是什么，是收入还是投资回报率?

思想领袖的观点

在谷歌的营销活动中，我们会通过衡量一切来持续改善个人用户的体验。我们会使用新的网络工具做研究，找出有效的方法，衡量结果并应用它们。

云加・布鲁尼尼（Yonca Brunini）

谷歌公司欧洲、中东及非洲区营销部门副总裁数据科学家的思维模式很重要。他们来这里工作的目的是写研究报告，还是找到有创意的方法进行研究，把他们的研究和技术投入生产并得到良好的应用？并非所有的数据科学家都和我一样。那些能够快速地将他们的工作转化为产品和营销机会的数据科学家比满满一屋子的研究人员更有价值。

麦克·弗雷德根

Decide.com 总裁和首席执行官

我认为，衡量正确的东西非常重要。如果某人正在寻找更多的可以放在壁炉架上的奖杯，而这些奖杯并没有带来实际销售的话，那么那些像病毒一样传播的视频以及各种令人兴奋的内容都将毫无意义。归根结底，企业管理者关注的是利润和销售额。如果利润和销售额没有增加，那么你就遇到了问题。

泰德·坎尼斯（Ted Cannis）

福特汽车福特索罗尔斯公司（FordSollers）首席执行官

如今，营销人员越来越能够理解数据、分析和测试的重要性。然而，对营销人员来说，找到 2~5 条有助于改善业务的信息依然是最困难的事情之一。你了解你的目标和企业，你需要思考什么能够改变你的企业、需要深入挖掘哪些数据领域以及如何将它们与你的关键绩效指标联系起来。将战略与数据联系起来有助于你跨越到下一个层次。

德米特里·伯比（Dmitria Burby）

POSSIBLE 公司绩效营销专家中心全球总监

最终，我们都会知道有太多的关键绩效指标……人们的注意力被分散了，最后会为那些其实并不重要的事情而争执不休。让员工关注少数真正重要的指标非常有挑战性，但是一旦你让每个人都做到了——这通常与文化有关——它就会产生效果。

菲利斯·杰克逊

宝洁公司市场研究部北美地区副总裁

首先，现在的数据量足以淹死 1000 头水牛。如果你不知道自己在寻找什么，你就会被淹死在数据中。我不相信摸底调查，我相信你应当非常清楚自己想要寻找什么。营销（及其组成部分）往往是后理性化的点金术。

迪安·阿拉贡

壳牌石油公司全球品牌副总裁和首席执行官

如今，营销人员面临最大的挑战之一不是没有足够的数据，而是数据太多，这会导致瘫痪。不知道如何根据数据采取行动、不知道应当舍弃哪些数据使一些人等待着那些永远不可能出现的良方。与我合作过的最好的客户对数据在告诉他们什么都有一种直觉，而且他们能让自己保持一种尝试和获知的心态。他们知道永远不会有完美，但是他们可以用其拥有的东西为更好的事情付出努力。

迈克尔·沃茨（Michael Watts）

POSSIBLE 公司绩效营销部门副总监

大数据的概念很好，但我们无法关注所有数据。我们必须明白什么将影响那些至关重要的改变，然后倒推着开展工作。

理查德·纳恩

法通保险公司品牌与网络部门总监

对品牌的衡量往往采用的是过时的方法，在数字时代，这样做毫无意义。谷歌公司和 Sterling Brands 公司于 2013 年 10 月进行的调查发现，只有 50% 的营销人员认为他们目前使用的品牌指标是有效的。

云加·布鲁尼尼

谷歌公司欧洲、中东及非洲区营销部门副总裁

我们有太多的数据需要筛选。数据应当与合理的事物匹配，与目标相联系，并且应当具有可行性。

布兰特·西格尔克（Brent Hieggelke）

Urban Airship 公司首席营销官

在大数据出现之前，大公司需要从我们已经接受了的一些事实出发，比如关注销售（短期）、品牌健康（长期）和媒体的成本效率。任何新事物都应当表现出与之前的系统和关键绩效指标如何相关或者取代了它们，否则这些新事物很可能看起来很酷，却根本不是这样。

尼克·奈安
WPP 数据联盟首席执行官
WPP 集团凯度公司首席数字官

把事情搞复杂容易，而让事情变得简单非常难。

贾斯丁·库克
POSSIBLE 英国公司首席执行官

我们正在衡量太多的东西，我们正在做太多的事情。无论风靡一时的是什么，无论让我们“激动不已”的是什么，我们在尝试和应用时都没有很好地考虑结果的实证分析。

阿维纳什·卡希克
谷歌和 Market Motive 公司的营销布道者
《精通 Web Analytics 2.0》一书的作者

做值得做的事 07

WHAT IT'S WORTH

在一个完美的世界中，我们可以在诸如创新、营销、与顾客联络这样的事情上投入无限的资金。然而事实上，我们面临着预算，需要艰难地决定如何花掉这些预算。营销人员可能有很多想法，但是他们能做的只是其中一小部分。那么，我们要选择做哪些事情呢？我们如何知道自己正在做出最明智的决定？

我们可以使用一种被称为“相对价值建模”的方法，其中包括我们在做这些事情之前要确定它们的潜在影响。当然，这些价值不是绝对的，毕竟你永远无法准确地预测出会发生什么。相反，我们可以用相同的方式推导出这个方法，而且相对于彼此，它们应当是准确的。这样，你就可以做出明智的选择。

两段对话的故事

在营销中，很多常用的指标经常与实际收入有些差距。我们可能知道有 30 万人看了我们的广告，却并不清楚它所产生的影响。我们以为 1000 个 Facebook 粉丝一定有价值，却说不清楚有多大价值。由于数字化依然是相对比较新的概念，这就使它处于不利的地位。电视广告已经存在很长时间了。电视广告比在 Instagram 上做品牌展示或者在 YouTube 上发布视频更容易让人们买单。在一个不确定的世界中，我们会选择熟悉的事物。

我们假设一位数字首席营销官与首席执行官就这个主题发生了以下对话。

> “嗨，鲍勃，”首席营销官一边走进首席执行官的办公室，一边说，“我在想，我们可能应当在下个财年把更多的资源从电视转移到移动端。我们认为这会对我们的客户和品牌认知度产生积极的影响。”
>
> “你知道我希望它对什么产生影响吗？销售。”老板对他说，“我们这个季度的销售下降了 4%，董事会很不高兴。我们不会在移动端进行销售，所以我们将坚持现在的做法。我们只是需要更好的广告。”
>
> “我认为你应当放眼长远，”首席营销官说，“这关系到培养我们的能力。如果现在我们不提高我们的技能，那么将来就可能会落后。”
>
> “董事会根本不在乎能力，”首席执行官叹了口气说，“他们在乎的是这个季度和今年的盈利。恐怕我们只能专注于过去那些有效的方式。如果我们的销售数据有改善，或许我们以后可以考虑在移动端进行销售。”

你赢不了这场争论或者更多类似的争论。随着你晋升至公司的管理层，你迟早会发现只有一件事有助于你表明你的观点：知道什么事情是值得做的。这可能始于总监级别或者高管层，你永远也不知道从哪里开始。但最终，钱会说话，话题标签会被广泛转发。要想有所作为，你必须使数字化产生财务影响。

那么，我们假设有另一种不同的方法。

首席营销官再一次轻快地走进首席执行官办公室。

“嗨，鲍勃，你的领带不错。”

“谢谢。”

“我正在检查我的预算，觉得明年我们应当优先培养我们在移动端的营销能力。”

“为什么？”

“我们分析了我们的客户群，并且发现我们在移动端的努力将移动平台上客户的购买量提升了43%。”

“可为什么销售下降了4%？”

“购买人群正逐渐转移至移动端。我们的主要客户现在把40%的媒体时间用在手机上，而且这个数字还在增长。因此，如果我们试图用其他渠道而不是移动渠道进行营销来迎合他们，我们可能会错过他们。正如你所知道的那样，我们最好的5%的客户为我们贡献了20%的收入。根据我们的研究，他们也是最有可能在移动端与我们同行的人。”

“但是销售还是下降了。显然，这并没有产生多大影响。”

“没错，但我们必须看一看规模。虽然我们从移动端用户身上看到了好效果，但这类客户的数量不多。不足0.5%的客户在移动平台上与我们互动。因此，虽然移动端收入没有显著影响，但它很有潜力。如果我们能把使用率提高到3%~4%（行业中的正常水平），那么我们就能轻松地挽回4%的销售下降。”

“这需要花多少钱？”首席执行官靠在椅背上，闭上眼睛，问道。

“我们可以在不影响预算的前提下做到这一点。如果能把用于电视营销的预算拨出来1%~3%，那么两个月后的销量将是不改变预算情况下的销量的3倍。这对电视营销也会有帮助，因为我们知道越来越多的人会一边看电视，一边使用移动设备。”

“你确定吗？”

“我不确定，但我很有信心。事实上你可以激励我的团队。如果我们没能改变这些数字，你可以让我们承担责任，并且把剩余的预算拨回给电视营销。”

最后首席执行官的态度可能会缓和下来，同意做出这个改变。

DOES IT WORK?

从平衡营销与财务的角度看，你不可能有这个而没有另一个。如果营销战略正在推动业务向前发展，那么现在，你已经让首席营销官和首席财务官完全达成了共识。这很好，因为现在你的管理团队关注的是同一方向。如果他们向相反的方向用力，那么就可能会出现问题。如果财务部门不理解营销的价值，他们就不明白营销会如何影响他们的收入。这是个问题。与之类似，如果营销部门无法理解我们如何为了发展业务来安排预算，这也是个问题。这是一种合作。

戴安娜·霍兰德（Diane Holland）
POSSIBLE 公司全球首席财务官

相对价值建模的作用

以上对话反映了我们应当明确各种机会的相对价值的原因。让我们来更详细地探讨一下。

- **了解潜在的影响**。你可以把相对价值建模视为在决定采取某项行动前设定“它有效吗”标准。换句话说，它是一种基于情景的预测，预测如果你做某事而最有可能发生什么。一段时间后，随着你更好地了解了什么对你的客户或者发展前景最重要时，你的预测会变得更准确。
- **减少无效的活动**。你会发现有些活动在短期或者长期内似乎都无法带来销售。停止这些活动可以使品牌更专注于更重要的事情，并从中获利。
- **消除个人偏见**。你的首席执行官可能喜欢与名人交往，但这可能不会促进销售，你一定要心知肚明。好的建模有助于消除决策中的主观偏见，终结某些不适合的项目。当你从收入的角度审视一切时，一切都是客观的。
- **改善责任制**。每个人都在谈论责任。利用相对价值建模，你能够提出责任并要求人们履行责任。一些领先的品牌已经开始将员工和供应商纳入它们的预测范围。例如，可口可乐将广告活动的绩效与代理公司的报酬联系起来。尽管对有些人来说，这种做法很可怕，但其实这是一种积极的发展，只要报酬模式是合理的、人们对此达成了共识并且考虑到了外部因素。

设计相对价值建模的目的是让企业聚焦于真正重要的事情。虽然这看起来好像是过度强调短期收入指标，而牺牲了长期的品牌价值、品牌认知度和用户体验，但其实不然。相反，良好的模型应当是全面的，它将这些基本因素结合在一起，并认识到这些因素也会带来收入。

相对价值建模的原则

相对价值模型可能很复杂，但是原则不复杂。第一个原则是你需要关注两件事：增加收入或者降低成本。当然，我们为营销做出的大多数努力都是聚焦于提高收入，而不是降低成本。事实上，我们可以用相对价值模型证明在广告活动或者其他活动上增加投资是合理的。

第二个原则是用户行为可以分为两类：直接行为和间接行为。我们能够看到直接行为，而且这些行为很快会转化为购买。这类行为在电子商务以外的数字领域中很少见，因为购买漏斗（purchase funnel）已经跟以前不一样了。过去，我们认为自己在意识、考虑、购买和忠诚这各个阶段的行动是无缝的，但是数字化颠覆了这个模式。现在，考虑购买的阶段发生在更广泛的平台之上。我们从社交媒体上听说一种产品，然后会去亚马逊网站看看大家对它的评价，再去实体店看看实物，还会阅读专业的评论，这一切都发生在购买之前。事实上，我们必须承认当今有关消费者的四个事实：

1. 有些人与你的数字资产互动并实现转化（购买、号召、成为领袖）；
2. 有些人与你的数字资产互动但没有实现转化，他们在其他地方购买了你的产品（其他网站或者实体店）；
3. 有些人只是路过，永远不会实现转化；
4. 有些人从来没有与你的数字资产发生互动，却购买了你的产品。

换句话说，为数字营销活动的价值建模绝非一件易事。

间接衡量

幸运的是，“困难”并不意味着“不可能”。假设你有一家制造电脑的公司。你知道有些用户正在访问你的网站，其中有些人会在网上购买，有些人会去亚马逊网站购买，还有些人会去实体店购买。因为这种复杂性，你可能认为无法了解数字渠道的真正价值。但是只要一点点帮助，你很快就会对其有大致的了解。

例如，谷歌思考（Think With Google）可以提供考虑购买的用户的数据。假设它的研究显示，对于你的所属行业或者产品类型来说，在你用数字方式影响的销售中，大约 47% 会发生在你自己的资产上，大约 35% 会发生在其他网站，而大约 18% 会发生在实体店。

你的数字资产每个月能够带来 800 笔销售。由于这大约占数字营销影响的总销量的 47%，所以你影响的总销量为 1702 笔，其中 18%，即 306 笔销售发生在实体店，596 笔销售发生在其他网站。如果你只看自己的数字销售，那么数字营销的投资回报率会很难看。然而，如果你合理地预测数字资产对其他购买渠道的影响，那么投资回报率会翻一倍。

显然，这是了解相对价值的一种极其快速却存在一些瑕疵的方法，但它是一个很好的起点。在现实操作中，我们还必须确定更多的事实，其中最重要的是你的数字影响力与谷歌的行业标准相差多远。

DOES IT WORK?

> “价值”几乎总是一个相对的术语。确定一项行动的价值的最有效方法就是将它的价值与其他相关行动的价值进行比较。
>
> 尼克·莱格特（Nick Leggett）
> POSSIBLE 公司营销科学部门副总监

相对论

即使把行业统计数据应用于你的企业存在不准确性，你也并不总是需要绝对价值，才能从你的模型中得到实质性收益。你需要的是你的组织达成共识的相对价值。你只需要知道一件事情是否比另一件事情更有价值。

相对论很容易理解。例如，你想知道某只熊是否比某条狗跑得更快。你可以把它们一起放出来，看熊是否能够把狗当午餐吃了。但是，当权者会站出来表示反对。相反，你选择了一种更人性化的方法：雷达测速仪。遗憾的是，当来到测试场地时，你意识到你的雷达测速仪有每小时几英里的误差，而你不知道误差是多少。你会放弃测试吗？当然不会。你不关心实际的速度是多少，你只想知道哪一个更快。

同样，我们不需要知道一位 Facebook 粉丝的绝对价值是 20 美元还是 24 美元。由于你的模型所采用的统计来源不同，这个数值也会不同。重要的是要知道 Facebook 粉丝相对于 Twitter 粉丝的价值。如果采用相同的方法，我们判定 Twitter 粉丝价值 18 美元，那么我们也就知道了我们想要知道的一切。从非常现实的意义上说，这类建模方法可能会让你犯错，只要你始终是错的。

终身价值

关于相对价值建模的另一个重要事实是用户不仅会转化，而且有些用户会反复转化。一位软饮消费者对品牌的价值不只是 1 美元。如果品牌能让这位消费者成为终身购买者，他可能每天都价值 1 美元。

让我们举一个更复杂的例子。假设你有一家 B2B 公司，你想在领英网上发起一次广告活动。这项广告活动的成本大约为 10 万美元，大部分钱将主要用于聘请外部顾问。然后，你根据市场的增长情况进行了一些预测，并且发现你将创造出 388 条新线索，其中 10% 将成为实际用户。

我们假设这些销售线索将使当年的投资回报率达到 165%。遗憾的是，高管层要求所有 10 万美元及以上的项目必须至少达到 185% 的投资回报率。但是，如果你从长远角度看，你并没有达到165%的投资回报率。你在领英网上已经与一些人建立了联系，并且锁定了一些客户。前者可能会变成客户，而后者中的一些客户将增加购买。事实上，你预测在未来5年中，你将从原始投资中获得275%的投资回报率。这还不错，而且是能够被管理层理解的。

由此看来，相对价值建模看起来更像是一种艺术，而不是科学，而且这是有一定道理的。我们很难从消费者短暂访问你的Facebook主页来推测这对你的成功意味着什么。但这并不意味着你不应当尝试。

DOES IT WORK?

> 我们公司有三条口号，尽管它们不是原创的，但是我相信它们一定能够缔造成功：（1）放手去做；（2）与众不同；（3）实现梦想。我希望我的员工在工作时没有任何借口，因为他们的工作就是实现梦想。同样，我意识到并非做出的所有决策都会带来成功，但至少那是一个决定。我认为最糟糕的情况就是员工认为“来上班”就是他们的工作。
>
> 保罗·克尔
>
> 全球小型奢华酒店联盟首席执行官

对混乱和外部因素负责

相对价值模型从来都不是完美的，这没关系。市场非常混乱，根本无法预测出绝对值。为了了解其中的原因，让我们以一家冰激凌店的模型为例。该模型预测，六月份的一项促销活动会使销售额增加1000美元。商店进行了促销活动，而销售额却同比下降了。

难道是模型错了吗？不，没错。事实证明，你的生意不只依赖广告，还依赖天气。天热时买冰激凌的人数比天凉快时更多。那年的六月一直在下雨。

所有的模型都不同，因为它们需要考虑各种独特的因素，包括季节性、地理位置、产品可获得性、竞争以及不断变化的消费者观念。最佳模型会从这些特征中学习，并将它们整合到系统中。冰激凌销售商应当把天气数据整合进模型，这样它们就不会因为一个超出其控制范围的因素而放弃一个好模型。

有些人比较喜欢用相对价值模型的排名或者评分系统，而不是美元来处理预测的模糊性。我们不建议这样做，因为美元更容易被人们理解。如果你有一个不使用美元的系统，你会觉得它不真实。也就是说，你必须意识到美元可能不完全适用。实际上，在创建相对价值模型时，你会考虑假设和有根据的猜测。这很好。在大多数情况下，你只是在创建一个每个人都认可且有助于你评估选择的模型。

社交相对价值模型

像衡量本身一样，相对价值模型需要一个跳出框架进行思考的创造性过程。在不同情境下，这些模型会非常不同。为了展示你应当如何开始建模，让我们来看一看在如今的相对价值建模中最困难的问题之一：确定社交媒体的价值。

我们先来看一个可笑的例子，我们称之为“查理·辛（Charlie Sheen）Twitter相对价值模型”。2011 年，在他声名狼藉之时，《赫芬顿邮报》披露，某品牌因为辛在 Twitter 上发布了一条消息向他支付了 5 万美元。当时，辛有 1000 万个粉丝。我们用成本除以粉丝数量就能知道品牌为一次曝光支付了多少钱，也就是 Twitter 上的一条广告在每个粉丝身上的投入。这个数字是 0.005 美元（50 000/10 000 000=0.005）。为了简单起见，我们没有考虑 Twitter 上的转发。

假设你的品牌有 1000 个粉丝。运用查理·辛相对价值模型，你可以算出在 Twitter 上，每条作为免费广告发布的内容大约价值 5 美元（1000 × 0.005=5）。

广告费率与相对价值

当然，这很荒谬可笑。当时，辛遭遇了众所周知的灾难性事件，虽然这不是我们的模型本身的问题，但这确实让他的粉丝对他 Twitter 的关注程度高于对其他名人 Twitter 的关注。这使他发布的内容出现了溢价。例如，据说拥有 2000 万粉丝的金·卡戴珊（Kim Kardashian）在 Twitter 发布一条内容仅收取 1 万美元，也就是说她每次的曝光价值为 0.0005 美元，只是 2011 年时辛的费率的 1/10。

事实上，2013 年《赫芬顿邮报》的调查显示，名人在 Twitter 上发布一条信息的价格相差很大。当时，女星法拉·亚伯拉罕（Farrah Abraham）为每次曝光收取大约 0.0004 美元。前重量级拳王迈克·泰森（Mike Tyson）的费率大约是法拉的 2 倍，约为 0.00086 美元。信不信由你，真人秀节目《泽西海岸》（*Jersey Shore*）中的史努姬（Snooki）拥有更高的费率，即 0.001 美元。

在查看品牌的社交媒体渠道的价值时，你可以玩“你的品牌更像黎安·莱姆丝（Leann Rimes），还是更像贾斯汀·比伯（Justin Bieber）”的游戏。不过，你或许想提出一个更稳定、更可行的模型。

使用真实的广告费率会更合理，尤其是因为人们在 Twitter 发布的内容与真正的广告非常相似。《广告周刊》（*Adweek*）最近报道称，Twitter 广告的成本为每 1000 次曝光 3.5 美元[①]，由此可以计算出广告费率为每次曝光 0.0035 美元。这是史努姬的广告费率的 3.5 倍，而且它可能是合理的加价。为什么呢？你可以根据关键词来给广告定位。因此，这个广告模型会提供比史努姬的广告受众品质更高的受众。史努姬的粉丝不是基于内容而成为广告目标的。

成本与价值

这种模型依然不是很好。问题在于成本并非价值。查理·辛在 Twitter 上发一条内容的成本是 5 万美元，但他能带来多少价值呢？在试图了解某项活动的价值时，我们常常将其默认为成本，因为这样比较简单。相反，我们必须看看某些事情的真正价值。

简而言之，查理·辛并没有为大多数品牌带来价值，原因如下。

- **联系**。对大多数品牌来说，与一位主要因引人发笑的新闻和公共危机而出名的名人有联系并不理想。
- **目标**。查理·辛的粉丝可能不符合大多数品牌最希望的人口统计特征。
- **可靠性**。几乎没有品牌会说查理·辛天生就适合它们。

① 这被称为千人成本（Cost Per Mille，CPM）。

因此，查理可能不会带来很多价值，因为成本太高了。

如何建立 Facebook 的相对价值模型

我们能够创建更好的模型。为了了解创建方法，我们看看 Facebook，并尝试计算出一个帖子对品牌的价值有多大。如果你的第一反应是“绝对一文不值”，那并不完全正确。为了说明原因，我们假设你有一家汽车公司。相对价值模型对汽车公司很适用，因为这类公司的产品成本很高，而且它们有很多粉丝。①

首先，让我们来看一下你有多少粉丝。在这个案例中，我们将让你拥有惊人的 1000 万粉丝。接下来，粉丝中有多少人属于购买人群？我们不想把那些不在你汽车销售地居住的人口或者那些因年纪太小而无法开车的人口计算在内。幸运的是，我们可以利用 Facebook 精准营销数据分析（Facebook Insights）获得这个数字，它提供了大量的数据。对你来说，这个数字是 20%。

接下来，我们想知道有多少粉丝会因为看到一条帖子而考虑购买你的汽车。我们还从调查中得知，仅有 4% 的粉丝看到文章后倾向于购买汽车。遗憾的是，另一项调查显示，这些人中仅有 3% 的人会去汽车经销商那里实地考察。我们从经销商的统计数据中了解到，实地考察的人中仅有 10% 的人购买了汽车。

有点糊涂？希望图 7-1 会对你有所帮助。

如果计算一下，正如你预计的那样，你会得到一个很小的数值，它是喜欢你这个品牌的人的 20% 的 4% 的 3% 的 10%，这意味着 Facebook 上任何一条帖子对销售有 0.002% 的影响。坏消息是，即便如此，我们依然高估了它的作用。为什么呢？因为其他因素也会影响购买。假设一个人看到了一条帖子，然后点击了汽车品牌的 Facebook 页面，转到公司官网，并且预约了试驾。在这种情况下，这条帖子并不应当独占 100% 的功劳。相反，购买行为还受到了 Facebook 页面、汽车公司官网以及销售人员的影响。

---

① 我们为汽车品牌建立了更复杂的相对价值模型，尽管我们已经大幅度改变了价值。

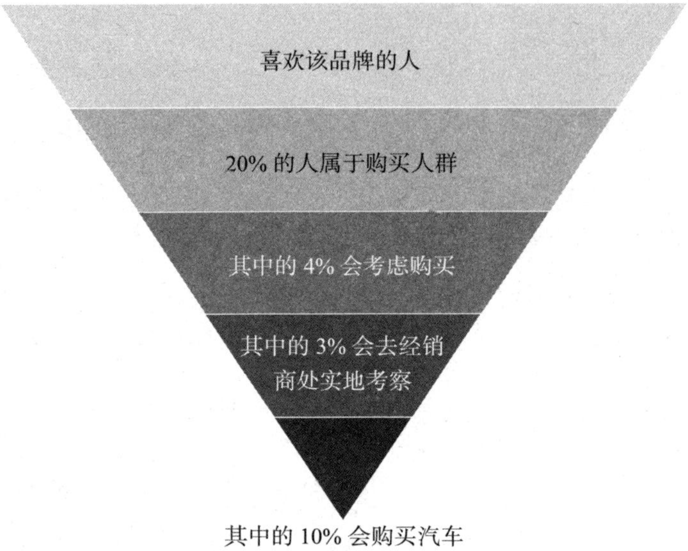

图 7-1　谁会购买汽车

为此，我们必须再次降低这个数值。要做到这一点，我们需要用更多的研究和调查来得出一个归因。在这个例子中，我们假设这个数值大约为 30%。那么，一条帖子值多少钱呢？我们利用从汽车销售中获得的利润来构建模型（请注意，为了简化问题，我们假设每个喜欢你的品牌的人都看到了帖子，当然这不是真的），如图 7-2 所示。

图 7-2　利用从汽车销售中获得的利润构建的相对价值模型

终于有了一些好消息。请记住，帖子发挥着广告的作用，但由于它们在你自己的渠道上，因此你不必为它们付费。所以，我们可以增加节省成本的额外价值，否则你需要花成本去接触那些受众。我们在此处的计算类似于之前对 Twitter 广告的计算，即我们算出了 Facebook 的广告费率，用它乘以曝光次数。

为了简单起见，我们将使用每 1000 次曝光 2 美元的广告费率，这是目前通行的费率。这样，我们就得到了 10 000 000 × 2/1000=20 000 美元。现在，你 Facebook 上的帖子价值 180 000+20 000=200 000 美元。

这个数值可能有点高。模型假设所有粉丝都看到了帖子（或者所有粉丝都是真实的人）。显然，事实并非如此。很多人可能在你发帖那天没有登录 Facebook。此外，Facebook 目前改变了帖子的呈现方式，尤其是来自企业的帖子。例如，用户更有可能看到来自经常与他们互动的人和品牌的帖子。因此，根据目前这些算法的状态，我们可能需要再一次减少节省的成本。

数值依然不是非常好。为了接触到你品牌的 1000 万粉丝，你通常要花很多钱。

此外，这些数字并非真实的价值。你应当把它们视为彼此相对的。你要确保用一致的方法评估它们的价值，而且组织中的所有人都认可这种方法，这很重要。这样，你就可以用它们来了解如何为活动进行优先级排序、应当关注什么以及哪些工作进展顺利或者不顺利。它们也可以被用来衡量一段时间内的绩效改变，让你看到今年的业绩与去年的业绩有何不同。

DOES IT WORK?

这话出自数据人员之口听起来比较奇怪，但我们的模型中有点错误确实没关系，只要所有渠道中的错误都是一致的。我们了解数字价值的目标是探求相对价值，而不是绝对价值。我们多半不关心 Facebook 的粉丝值 12 美元，而是非常关心通过相同模型的计算，Twitter 一个粉丝的价值是 Facebook 粉丝价值的两倍。

杰森·卡梅尔

POSSIBLE 公司营销部门全球高级副总裁

设定优先级

假设你明天想出了一个对你的品牌很有帮助的好点子。你会在什么时候处理它？可能是在你做完目前计划做的所有事情之后。大多数计划就是这样制订的。新的想法自动排在后面，无论它们潜在的影响力有多大。

相反，我们建议使用动态优先级。它包括运用相对价值模型来判断活动的潜在影响，尤其是我们对数字资产做出的较小改进的潜在影响。我们把每个潜在项目代入模型，然后根据它们的需求和潜在的产出对它们进行排序。这样做会使在项目之间做出选择和有效地分配资源变得很容易。

你也必须定期对项目的优先级重新排序。有时你会发现，由于市场的发展，原来排在第五位的想法现在可能跃居第一位。有时一开始排在第三位的想法始终排在第三位，而那些有可能带来更多收入的新项目得到了优先的待遇。

如何启动

相对价值模型可能是执行"它有效吗"方法最困难的方面之一。它要求你在如何应用数据方面具有创造性，要求你的组织对数据达成共识。此外，它常常会让你与特别钟爱的项目以及你的自高自大产生冲突。

因此，最好先从简单的相对价值模型开始。例如，我们通常从为改进数字绩效而进行的测试建模开始（我们将在第 8 章中进行详细介绍）。这样，在对更复杂的事物（如社交媒体）进行建模之前，我们就能够证明建模的价值。

相对价值模型的更多实例

让我们看一些相对价值建模的例子，来了解它们如何发挥作用。

客户服务

客户服务是比较容易建模的事物之一。客户服务的成本比较高，而且容易量化。例如，根据客户呼叫中心分析公司 Contact Babel 的研究，2013 年，美国每个客服电话的平均费用为 7.76 美元，其中 19% 的通话的成本超过了 12 美元。通过 Twitter 和电子邮件进行的客户服务沟通的费用则低得多，这些发生在自动化网站上的客服服务几乎没有成本。你很容易就能够看出你应当把哪一个排在优先的位置，以及如果从通过电话解决纠纷变成利用在线文档解决纠纷，你将节省多少成本。

销售

在现实世界中，销售的情况更加复杂。为了了解数字化对它们的影响，你需要考虑几件事情。第一是你的收入，即你能赚多少钱。第二，你需要看看赚到这些钱的成本。你想知道线下销售是否更便宜。如果线上销售比较便宜，那么你可以通过包邮或者发放优惠券的形式来促销。此外，你的关注点永远不能只在收入上，你还必须退后一步，看看它们对利润的整体影响。

第三，你需要有长远的考虑。这种联系作为一个整体的价值是什么，而不仅仅是今天你实现的销售？如果你完成了一笔企业软件的交易，那么终身价值远比一开始的影响更大。另一方面，如果过去几十年中对汽车品牌的忠诚度显著下降，那么购买汽车的价值也有所下降。一切都视情况而定。

销售线索开发

销售线索的开发比较复杂。如果你将所有销售线索中的 10% 转化成了顾客，每位顾客价值 100 美元，那么你所产生的每个新的销售线索价值 10 美元。但是并非所有的销售线索都是相同的，因此这比较棘手。如果你发放免费的 iPad，就会得到你能够处理的所有销售线索。但是，只有很少的人会转化成顾客，因为大多数人都是为了免费的东西而来。事实上，他们占用了销售人员的时间，而这些销售人员本可以去接触真正的潜在顾客，这会降低你的销量。

销售线索开发活动必须聚焦于那些能够增加收入和利润的高品质销售线索。

付费媒体

最不容易建模的是广告，因为它们对销售的影响往往是间接的。一则获得了大量关注或者受众很广的广告可能依然是没有效果的（我们在本书一开始讨论了一则广告，该广告有上千万人观看，但对于它试图改变的指标，它的作用并不明确）。还有以下一些因素令情况变得更复杂：

- 线上广告驱动的销售有可能发生在线下；

- 销售可能有延迟；
- 如果一个品牌在多个渠道同时发布广告，那么归因就是一个大问题。

因此，我们必须运用其他研究或者灵活的追踪方法来确定广告有何效果。

对你有效吗

相对价值模型是“它有效吗”方法的核心。它能够让你了解数字营销活动的潜在影响，并可以在有一定理性的基础上选择把钱花到什么地方。问问自己以下问题，有助于你开始使用这种模型。

- 我们是否量化了不同行为或者行动的价值？
- 我们是否正在做那些连我们自己都怀疑没有价值的事情？
- 个人的日程对我们选择项目有影响吗？
- 我们有没有衡量更复杂事物（如社交媒体参与度）的影响的方法？
- 我愿意为自己的努力承担责任吗？你组织中的其他人也是这样吗？

思想领袖的观点

货币化的概念对有些人来说比较新鲜，但是……对于我们所投入的一切，我们都必须考虑其商业成果和为企业带来的货币化价值。拥有简单、清晰且在一段时间内一致的衡量方法很重要。我们不可能每 12 个月就改变一次衡量方法，因为我们为奠定基础所做的所有工作还没有转化为影响力。

格雷丝·霍

SAP 公司亚太区日本公司营销部门总经理

我们努力在生活中分清轻重缓急，无论是公事还是私事。假设有一种计算器能告诉你给孩子读书相对于和他们玩传球游戏的价值。这两件事都很重要，但如果你知道其中一件对你的儿子或者女儿的成功和长期幸福更有价值，你的关注点就会发生改变。利用营销工具，我们可以做出有根有据的决策。

德米特里·伯比
POSSIBLE公司绩效营销专家中心全球总监

在过滤掉噪音，继续为那些可能无法被证明有用或者有益，却会改善客户体验的创新能力投资时，我们应当如何充分发挥那些我们知道将增加收入的核心能力？

斯科特·勒克斯
迪赛公司电子商务及多种渠道部门副总裁

很多时候，营销人员依赖直觉，而且在某种程度上，他们会依赖“事情总是如此，既然我们已经知道结果了，那我们也应当继续这样做”的想法。所以，我们会为营销投入资金，以期获得我们以为会得到的结果，而不是审视在前期积累的数据和证据来支持我们的决策。

格蕾丝·霍
SAP公司亚太区日本公司营销部门总经理

所有的营销努力都被认为应当转化成销售。遗憾的是，情况并非总是如此，这种转化需要一些信心。幸运的是，如今可以获得各种（关于行为、态度和市场研究的）数据，你可以把这些数据整合起来，并且构建成简单的模型，这些模型能够告诉你比点击量和访问量多得多的关于数据的信息。它们并不完美，但只要在几个营销周期中使用过它们，你就不仅可以借助它们强化对营销活动的信心，而且还会获得关于什么是有效的、什么是无效的以及什么需要优先处理的更好的信息。

迈克尔·沃茨
POSSIBLE公司绩效营销部门副总监

很多怀疑者否认社交媒体的效果，因为很难从投资回报率的角度来衡量它的影响。问题是他们也是忠实的信徒，正如不赞同那些盲目地相信Instagram上帖子的价值的人一样，我们没有更多的理由赞同那些怀疑者。我们永远都不应当把下意识的怀疑论误以为是智慧。我们只是需要更好的衡量方法。

乔·谢波特

自由营销/广告撰稿人、战略顾问

作为首席执行官，我知道身处我这个职位的人需要真实的数字，如果我们能得到的话。并不像有些人认为的那样，我们看不到业务中的不足之处。如果我们能够站在财务角度，能够用关键绩效指标来审视那些不足之处，我会更高兴。这样做更容易证明投资和支出的合理性。

格斯·韦格尔（Gus Weigel）

POSSIBLE 美国公司首席财务官

我们提出的问题，即我始终在问的问题是：“我知道我能够促成新的销售，价值为 X。但是，让某人注册网上账户管理能产生多少价值呢？”这有助于我们决定应当对其投入多少资源，以及如何根据其他信息和目标安排优先级……我认为这样做非常重要，而且从说“这是一个重大的战略优先事项”变成“每次你成功了，它的价值就是 75 美元”也非常重要。这是我们需要做到的，也是所有营销人员都需要做到的。

德纳·科斯韦尔

美国电话电报公司目标营销与客户生命周期管理部门执行董事

今天的消费者不只是产品的购买者，还是产品潜在的拥护者。这要求营销人员改变对营销渠道的狭隘看法，而应采用覆盖整个消费者生命周期的模型。

阿里·贝赫纳姆

Tealium 有限公司联合创始人

不断迭代，不断改进 08

NEVER STOP IMPROVING

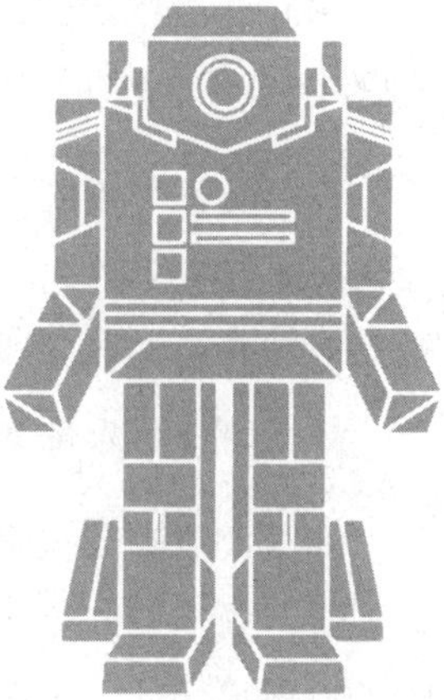

这些年，数字营销人员对什么有效、什么无效形成了一些看法。但是当谈及细节时，正如我们将看到的那样，他们并不是很擅长。细节很重要。我们不知道什么信息能够引起最强的共鸣。我们事先无法知道某个移动应用程序的最佳窗口布局设计应当是什么样子。我们不知道在周三有效的方法是否在周六会更有效。在大多数关键领域中，当我们试图激励用户时，我们并不能完全确定能够达到目的。在这种情况下，我们做的任何事情都只是一种假设，我们应当对其进行测试。

幸运的是，数字营销允许我们进行测试。我们可以尝试两种方法，然后判断哪种更好。我们可以轻而易举地拿出一个页面的三种不同版本，并且对它们进行测试。我们还可以对现有资产进行一些改良，以试着改善绩效。一段时间后，即使微小的改变也会产生巨大的影响，不仅会影响用户体验，还会影响企业的盈亏。专业人士把这个过程称为流程优化，它是让事情变得更好的一个重要部分。

你真的能够做预测吗

我们公司经常进行一个名为摒弃“它有效吗”方法的练习。这是一种让人们明白他们对数字的了解比他们以为的要少的好方法。

我们的练习围绕着我们为客户进行的真实测试进行。我们从一种数字资产的最初版本开始，让每个人都了解它是如何工作的。然后，我们根据特定的目标创建三或四种旨在改善绩效的备选版本。我们把这些备选项呈现给我们的团队和客户，并邀请每个人预测哪个会胜出以及胜出多少。

由于公司中的每个人都可以参与，因此我们能够看出人们实际上是多么善于识别哪个版本的效果最好。你或许认为资深人士和富有经验的用户体验设计师一般会表现得更好。如果你是这样认为的，那么你就错了。有经验的员工不仅没有达到平均水平，甚至表现得更糟糕。

事实上，我们把有关预测的发现汇总成了以下一系列观察：

1. 没有人总是正确的；
2. 大多数人通常是错的；
3. 如果你想选出一位猜中者，那么选择一位高管助理比选择他们为之服务的高管更靠谱；
4. 事实上，你越有经验、越资深，你猜对的可能性越小。

这些结论既适用于我们的客户，也适用于我们自己，而且随着时间的推移一直是一致的。也就是说，我们并不想夸大这一点。并不是说资深人士从来没有对过或者只有实习生的预测是正确的。作为一套通用规则，它是有效的。

测试与主观干扰

在第 3 章中，我们介绍了做出富有创意的决策的过程。这个过程是这样的：

1. 创意人员或者策划人员提出很多想法；
2. 团队经理选择 2~3 个想法并呈现给客户或者决策者，这些选项通常是比较保守的；
3. 高管决定使用哪一个。

你仔细想一想就会发现，这个过程最多也只能得到平庸之作。首先，你有一个没了解问题就要决定使用哪种解决方案的上级。他或者她甚至看不到更加大胆的选项。我们进行的练习显示，这个人可能也不是做决策的最佳人选。

那么应当由谁来做决策？我们建议由顾客来做。与其把你的决策过程视为由管理决策驱动的倒金字塔，不如尝试各种选择，看哪一种更有效。当然，你应当把你认为会有效的选项包括进去。这很好，但是你还应当通过创建假设并测试假设来保护你的基础。

关于测试的基本知识

对于那些需要审查决策的人来说，测试非常简单。这需要三种不同类型的测试中的一种，还需要有使它们具有统计学意义的测试量。以下是三种类型的测试。

对比测试

对比测试是这三种测试中最简单的一种，它将一种新选择与控制项（通常是已有的事物）进行对比。例如，假设你经营着一家鸡肉餐馆，你想知道在付费媒体广告中使用哪种标题会有更好的效果。你把你的广告分成了两个部分。一半人会看到最初的标题《我家的鸡翅好吃到没对手》，另一半人会看到《飞过来尝尝我们的鸡翅》。你进行了测试，当你获得了具有统计显著性的结果时，你就可以采用效果比较好的那个标题了。

A/B/N 测试

A/B/N 测试与对比测试相同，只是增加了其他的版本。你可以根据任何数量的不同假设来测试多个选项，而不是只测试两个选项。（《我们的鸡翅酱好吃到让你吮手指》这个时髦的标题会不会很出彩？或许《花更少的钱吃更多鸡翅》这种以价值为导向的标题比较好。那么以营养、健康为卖点的标题《热腾腾的鸡翅不肥腻哦》怎么样？）A/B/N 测试能够提高你的测试效率，但是必须在合理的时间内有足够的测试量才可以。

多变量测试

多变量测试涉及同时改变系统中的多个要素。例如，假设你想测试标题、背景颜色和图像的不同组合。如果每个要素有两个版本，那么你最终要测试六种不同的组合。当然，多变量测试要求测试量必须足够大，这样才能具有统计学意义。

最好的情况是，开展的活动能够抓住一个机会 60% 的潜在价值。如果你想实现剩下 40% 的价值，你就应当准备好在启动后进行灵活的、有优先顺序的优化。

杰森·卡梅尔

POSSIBLE 公司营销部门全球高级副总裁

测试什么

我们已经看到了像谷歌这样拥有足够详细数据的公司如何测试那些难以置信的细节程度，包括蓝色的深浅度和方框的像素宽度。谷歌丰富的数据帮助它创建了数字服务，这些服务非常直观，而且效果极佳。然而，大多数数字营销人员没有这样奢侈的条件，他们只能在几个领域中进行测试，并且获得可付诸实践的结果。如果你的情况就是这样，那么你可能想要关注以下几个关键方面。

- **标题**。各种标题对阅读率和打开率的影响很大。它们通常是优化计划的首选目标。
- **行动口号**。“了解更多”“阅读更多”“买”“行动”“在那里能够买到我”，或者一个箭头、一条信息……行动口号是数字营销中被测试得最多的部分。

我们建议测试从大小到颜色的一切。

- **促销广告的尺寸**。任何要素的尺寸都能极大地改变效果。不过你要明白，某个要素的尺寸的增加可能会带来积极的影响，却会对另一个要素带来消极的影响。
- **图像**。在世界上的某些地方，数字资产上通常会有笑脸，而在其他地方则没有。这是有原因的。这仅仅取决于什么能够激励用户。
- **布局**。在日本，数字资产往往是复杂的；而在瑞典，数字资产通常很简洁。布局对表现的影响很大，而且世界各地对什么是好布局的看法也有很大差别。
- **推送信息**。推送信息自然是一个需要测试的部分。这是一种与你的客户保持密切联系的方法，但你一定要小心，不要让它们变得令人厌烦。对小部分受众进行测试是非常有价值的，因为在信息被大规模推送之前，我们仍有机会对它们进行微调。
- **付费媒体**。把钱投到付费广告上吗？你应当为每个广告设计多个版本并对它们进行测试。为什么？任何正规的媒体购买都包括相当数量的广告位，因此通常有进行测试的可能。此外，大多数媒体服务都假设你会进行测试，所以它们会提供能够帮助你的工具。如果你不打算测试多个版本，那么你就没有在履行自己的工作职责。
- **登录页面**。很多时候，广告活动看起来是封闭性的尝试，你发起了活动，然后观望。但事实不应当是这样的。只要你有向数字资产引流的广告活动，你就应当有测试并改进它的计划和预算。
- **电子邮件主题栏**。大多数电子邮件营销工具都能够让测试变得简单。例如，把主题栏中的措辞稍微改变一下就能够对打开率产生很大的影响。

创意之外的测试

到目前为止，我们提到的大多数例子都与创造性的改变有关，比如信息、设计和图像的位置。遗憾的是，很多组织认为这是改善的唯一方法。这就错了。

为了了解其中的原因，让我们看一个例子。大型零售商店通常会把雨伞放在卖场后面带轮子的货架上。因为下雨的时候，它们可以很快地把货架推到前面，这样顾客更有可能看到这些雨伞。原因很好理解。如果货架被固定在一个地方，你只能把雨伞放在那里；如果把货架总放在卖场前面，你或许可以看到雨伞的销量多了一些，而这会导致整体店面销售业绩的下滑；而如果只在雨天把货架放在前面，你可能会卖出更多雨伞，同时不影响其他商品的销售。

大多数时候，类似这样的机会会因品牌和产品的不同而不同。下雨对商店能卖出多少巧克力棒和土司影响甚微，但对外套和雨伞的销售影响很大。在数字世界中，我们会看到类似的情况。例如，人们在工作时更有可能使用与其职业相关的社交网络，比如领英网，而在晚上使用与家人朋友有关的社交网络，比如 Pinterest 和 Instagram。这些都是社交网站，但访问者会在一天中不同的时间段而有所不同。

DOES IT WORK?

在欧洲、中东和非洲地区，我们经常会在每个国家测试一些方案，而不是测试相同的方案，这是很重要的。我们想要实现高效并能够互相借鉴，而不是抄袭，因为它们发挥作用的方式不同。

云加·布鲁尼尼

谷歌公司欧洲、中东及非洲区营销部门副总裁

这就是当你试图改善数字营销的绩效时一定要思考以下因素的原因。

- **工作日与周末**。在繁忙的工作日，人们不会像在放松的周末时那样行事。例如，我们发现，在工作日发布简短内容的效果更好，在周末发布较长内容的效果更好。
- **晚上与工作时间**。正如我们说过的那样，时间的差异关系重大，不只是在社交网络上。例如在非工作时间，人们更有可能上亚马逊逛逛；人们在工作时间更有可能使用笔记本电脑，而在晚上使用移动设备。你应当通过定制体验来充分利用这些改变。
- **一年中的时间**。关注一年中的时间可以让你节省或者赚很多钱。例如，在斯堪的纳维亚半岛，8 月份几乎没有人工作，在俄罗斯，每年的第一个星期也几乎没有人上班。在很多西方国家，情人节前夕是鲜花和巧克力销售的

好时机。在中国，消费者在“双 11”这一天的网购量比一年中的任何一天都多。一年中的时间还会影响从电影下载和玩手机游戏（冬天更多）到皮划艇销量（春天更多）等的一切。因此，这是你必须认真审视的事情。

- **地理位置**。正如我们之前提到的那样，在全世界范围内，绩效可能会因文化的改变而改变。因此，你可能想要在不同的位置测试各个不同的版本。
- **确定目标**。确定目标使我们能够以不同的方式对待不同的客户群。这是一个重要的话题，因此我们将在第 9 章详细讨论。

马克·吐温错了

马克·吐温说过，谎言有三种：谎言、该死的谎言和统计数据。[①] 他的话很有道理，但值得拓展一下：统计数据没有说谎，说谎的是人。当谈及营销，人们最常欺骗的就是他们自己。

每个人都喜欢用他喜欢的方式来解释某些事情，并看到并不存在的模式。例如，当你观看篮球比赛时，你似乎会看到某位球员一直有很好的状态（解说员有可能会强化这个观点）。但是，康奈尔大学的一支行为科学研究团队通过观察球员在一段时间内的统计数据验证了这个观点。他们发现，投中概率为 65% 的球员也有 65% 的机会投中任何球。“好运选手”在很大程度上是一种统计偏差，它会随着时间的推移逐渐消除。

在营销中，我们也会犯类似的错误。我们很容易认为事情会这样或者那样发展，但仅仅因为最先有五个人对 A 选项做出反应并不意味着一段时间后 A 选项依然占上风。测试必须是测试，而不是预先得出的结论。我们曾经做过一个测试，在测试进行到一半的时候，A 选项有 75% 的概率胜过 B 选项。大多数人会认为差距这么大，没有必要继续测试了。事实并非如此。在后一半测试中，B 选项追了上来，我们得到的是无效结果。我们从中得到了什么教训？那就是你必须坚持把测试做完，直到得到统计结果。

① 这句话的真正出处不详。马克·吐温认为它出自英国政治家和小说家本杰明·迪斯雷利（Benjamin Disraeli）之口，但迪斯雷利几乎可以肯定自己没有说过这句话。

测试项目的基础

所以，你想要进行测试。这些年来，我们评估了很多测试项目并且发现，大多数测试都有可以改善的重要部分。通常这些测试人员太胆小，测试的东西太少或者测试的是那些得不出有意义结果的东西，或者他们测试的次数太少，测试不应当隔几个月才进行一两次。测试是营销领域中少数你知道的可以做出改进的领域之一，因此我们建议你做大量测试。一个效果比较好的店内信息推送系统会带来更高的销量。一个时机选得比较好的社交媒体广告会带给你更大的流量。就这么简单。

这就是为什么我们建议留出5%~15%的项目预算用于发布后的优化，并且一次进行六七个测试的原因。此外，以下是我们更多的建议。

- **冒险**。你不能采取保守的做法进行测试。不冒险你就得不到回报。测试重要的事情并抓住机会。
- **尊重统计数据的工作方式**。确保每个人都明白测试需要花费时间，而且你们需要就测试的持续时间达成共识。也就是说，有些测试可能没有意义，因为它们会耗费太长时间，根本无法进行。
- **从创意开始**。如果你没有优化计划，至少要优化你资产的内容和图像。你会吃惊地发现你能够在短期内做出很大的改善。
- **欣然接受额外的优化**。不要止步于显而易见的优化。试着想一想是否有其他因素正影响着你的受众，以及你如何充分利用它们。事实上，比较好的做法是计划一系列测试，而不是单个地创建测试，这样你就可以迭代地向着更有意义的测试主题发展。
- **把优化变成一种流程，而不是一个项目**。很多人把优化视为某个项目的一个阶段或者解决已知问题的一种方法。相反，你应当把它作为一种持续的长期战略，以更好地了解客户和为他们服务。不要只考虑一个测试，而要考虑若干个并按优先顺序排列，然后根据每个结果进行调整测试。

我们最后的建议是要开心地进行测试。摒弃“它有效吗”方法的练习对文化非常有益。它把优化变成了一种游戏，在这个游戏中，组织中的每个人都可以在公平的环境中竞争。因此，他们不仅玩得很开心，而且还会明白你的测试流程的价值和重要性。

如果测试没能带来改进

你是否有过这样一个朋友（或者父母），他坚持修理一些旧车或者家电，即使从经济角度看这样做已经很不划算也不停手？这种情况也会发生在任何数字资产上。由于文化和用户变化的复杂性，你会发现自己有一些资产，改善它们还不如重建。反复改善它们已经没有任何意义了。

那么你如何知道某种资产已经没有意义了呢？很多时候，你的直觉足以帮助你做这种审视。如果你认为某种资产已经很陈旧且令人厌烦了，那么它可能真是这样。就像你的朋友深爱着他的破烂儿一样，你组织中的很多人（更别提你的客户了）可能会爱上陈旧的方法，不想做出改变。如果是这样，以下是一些更科学的迹象，预示着你需要重建。

- 你的业绩远远落后于行业基准。如果真是这样，你的资产可能有根本性的缺陷。
- 你的用户发表了很多差评或者在社交媒体上抱怨。当你做出改变时，偶尔也会发生这种情况，但持续的消极情绪预示着必须做出重大改变了。你尤其应当关注像对应用程序的评价等这类事情。一旦好评开始变差，你可能就应当进行升级了。
- 你看到业绩出现了全面下滑。这是用户预期已经从你这里开始转移的迹象。
- 你进行的所有测试似乎都没有带来显著改善。在这种情况下，你要么在测试上不够大胆，要么你的资产需要升级。
- 行为数据出现了翻天覆地的变化，例如平板电脑在某种数字资产上的大量使用可能预示着优化是不够的，而需要一种新战略。
- 你的使用量在减少，而竞争对手的在增加。发生这种情况的原因可能与你的数字资产无关，但它也可能是你需要进化的迹象。

简单地说，你永远不希望测试成为创意或者战略思维的一种束缚。它能够帮助你改善业绩，但它不应当是你洞察力的唯一来源。你依然需要努力站在趋势的前沿，确保你的数字资产是有创新性的，并且能够反映当代的期望。你可以通过测试改善任何不良资产，但是你还应当经常问问自己，它是否糟糕到不可救药了。

DOES IT WORK?

> 品牌正在不断地加大对正在进行的优化的投资。然而，即使行业中在这方面做得最好的品牌也很难确定什么时候要引入新理念，而不是重复一些细节。清楚地了解一段时间中对投资回报率的测试有助于识别什么时候应当小修小补，什么时候应当尝试新方法。
>
> 德米特里·伯比
>
> POSSIBLE 公司绩效营销专家中心全球总监

建立一种优化的文化

营销部门和代理公司常常被那些自认为能明辨是非的人左右。建立一种优化的文化需要你认识到没有人总是对的。事实上，我们中的大多数人，甚至是那些所谓的“专家”，也无法有效地预测用户的行为。这就是要建立一种优化的文化非常重要的原因，在这种文化氛围中的人们能够接受自己的不足，并且希望有一个能够带来成功的过程。以下是这种文化所具备的几个特征。

- **喜欢好问题，也喜欢好答案**。如今，大多数营销组织都会鼓励人们提出出色的解决方案。但是，它们也需要发现那些知道如何提出有趣问题的人。
- **创意无处不在**。你公司中的每个人对于如何更好地工作都有自己的想法。在改善数字资产时，我们必须将很多观点结合起来。
- **知道凡事皆不完美**。放下自负。在良好的测试文化中，你必须能够常常出错。这就是为什么我们倡导练习摒弃“它有效吗”方法的原因。错误能够让每个人都保持自省。
- **有永远问不完的问题**。“它有效吗”方法需要你不断思考你不了解的新事物，然后检验它们，找到答案。
- **接受失败**。有时候，知道什么无效与知道什么有效一样重要。如果测试没有提供你所希望获得的改进，不要失望。如果你恰当地创建了测试且控制项胜出了，那么它就会告诉你未来不要做什么。深入探索，看你是否能从中学到东西。

- **分享**。良好的测试流程会让每个人都看到测试的结果。有创造力的人尤其想知道什么是有效的。这样，他们就能把它融入他们下一个广告活动或者营销创意中。

关键在人，不在工具

很多时候，当我们和客户交谈时，他们会说他们缺少做测试的工具。有时他们说得对，但是当我们查看他们所拥有的技术时，常常会发现他们有测试工具。事实上，一个简单的工具配上良好的优化流程比最先进的工具配上糟糕的优化流程强 100 倍。不要担心技术问题，而应当专注于培养执行有效流程所需的技能。

正如福瑞斯特咨询公司在我们委托其进行的研究中指出的那样："为客户洞察和分析工具投资是基本要求，但是如果没有优秀的团队把数据洞见转化为可衡量的行动，那么这些工具也是毫无用处的。"

换句话说，获得合理的工具或者检查你已有的工具，然后现在就开始测试。你会很高兴自己这样做。

DOES IT WORK?

如果在我们所登录的网站上设置了一个测试，而且我们从中有所领悟，那为什么我们不把这种领悟应用于我们其他的网站呢？为什么不把它告诉数字广告团队或者电视团队呢？如果你发现了成功的概念或者信息，为什么不把它们告诉我们的团队？或许组织很难接受这种理念，因为人们总喜欢做自己的事，然后继续前进。

丹尼斯·卡尔科斯

互联网券商 TD Ameritrade 首席营销官

对你有效吗

在第 9 章中，我们将更深入地探讨测试以及如何为不同的受众群推送合适的信息。与此同时，请你记住，持续的改进是当今数字时代中错失的最大良机之一。这是少数几个你能够在了解受众时，几乎可以保证获得更好结果的领域之一。你需要思考以下问题。

- 你的数字资产是否存在你认为的状况不佳的方面？
- 你是否想在主页上尝试某些东西，却还没有得到完全批准？你能把它纳入测试吗？
- 你正在进行测试吗？
- 在活动发布后，你是否为改善它做了预算？
- 优化是持续不断的过程，还是一件你只是偶尔会做的事情？
- 你的组织能接受失败的测试吗？
- 你想把改进变成文化中的一个要素，还是组织中一个较小部分的责任？
- 你认为你的组织是否为摒弃“它有效吗”方法的练习做好了准备？

思想领袖的观点

在我们的营销工作中，我们会衡量各种指标，以不断改善个人用户的体验。我们使用网络提供的新工具做研究，确定什么是有效的，衡量结果并将它们付诸应用。

云加·布鲁尼尼

谷歌公司欧洲、中东及非洲区营销部门副总裁

当你在迭代中学习并关注你的商业目标时，你就已经了解了风险，并且能够对你的业务产生影响。

麦克格雷戈·阿甘

英特尔公司营销事务部总经理

在与实际用户进行交互时，即使是计划得最好的执行也会遇到意想不到的挑战和机会。如果我们因为太忙碌而看不到这些交互，并且没有利用发布后的迭代发展，我们就可能会面对失去大量潜在价值的风险。

杰森·卡梅尔

POSSIBLE 公司营销部门全球高级副总裁

我认为，在数字营销时代中，边测试边学习的方法可能是传统直销商最重要的贡献之一。大多数直销商都知道了不起的营销既是灵感的产物，也是经过测试的。你需要非常善于发现哪些方法可以快速地发挥作用，哪些方法能让你不再做那些无效的事情。

德纳·科斯韦尔

美国电话电报公司目标营销与客户生命周期管理部门执行董事

一个品牌常常会对现有的数字资产或者广告活动的业绩感到不满意，它们决定从头开始重建。从理论上说，这些是无法修复的，也没有为此付出努力并进行调整的价值了。这种思维方式的危险在于，并不能保证新的会比旧的更好。然而更糟糕的是，投入了大量的成本却没有搞清楚为什么它从一开始就没有效果。或许旧的并没有问题，而是受众错了，或者有新的竞争者进入了市场，或者市场情况发生了变化。你可以在这里插入你没有想到的变量。

布莱德·加涅（Brad Gagne）

POSSIBLE 公司营销科学部门区域总监

我们需要有持续改进的态度。你做了第一个活动，每千次曝光成本为 5 美元。你努力做出改进，把它降低到 3 美元，然后 2 美元。除非你真的能这样做，否则你只会发现这种媒介是相当无效的。我认为大多数觉得媒介无效的营销人员不是因为它真的无效。你需要一种由假设驱动的方法。你有一个假设，并且你要测试它。很多预测就是这样进行的，我认为很多人会说数字营销也是如此。

马克·里德

WPP 集团 Digital 公司首席执行官

你的文化必须允许大量的尝试。你必须想到有些做法是有效的，有些是无效的。如果每次都有些事情无效，你不要对员工大发雷霆，因为这样他们就不会再想尝试了。

菲利斯·杰克逊

宝洁公司市场研究部北美地区副总裁

数字营销继承了传统营销中对里程碑时间的关注。一旦杂志上市或者电视节目播出，你几乎就无法改变了，因此你最好尽快把你的时间用在下一个机会上。但是，这个类比不适合数字营销。“发布”是一个完全虚构的事件。在现实中，我们有了一个不断发展的平台，并且有能力在世界范围内不断改进某些事情是数字营销的最大优势之一。

杰森·卡梅尔

POSSIBLE 公司营销部门全球高级副总裁

你投入数字生态系统的作品在发布时的完美程度都与之后的任何时刻差不多。从发布之时起，你能为自己和盈利所做的最好的事情就是了解它的表现，并实时地优化它。

哈利娜·卢库斯基（Halina Lukoskie）

POSSIBLE 公司高级数字分析师

在法通保险公司，我们会为不断进行的改善留出一些预算。在项目一开始，我们会留出一定量的预算，用以测试从内容角度看什么效果最好。然后，我们会将它们应用于我们正在进行的项目中。我们正在以这种方式不断地学习。

理查德·纳恩

法通保险公司品牌与网络部门总监

在数字世界中，消费者的行为正在不断改变。我们最好的客户形成了营销策略，用以创新、测试和扩大规模。我们的工作是预测数字技术的发展方向，为我们的品牌找到安全的测试方法，然后形成规模以重新获得投资。

吉姆·切斯纳特（Jim Chesnutt）

POSSIBLE 公司英国公司总经理

在对伟大的组织进行衡量时，我们不仅仅要看它们做了什么，还要看它们没有做什么。伟大的组织知道，只专注于少数活动，它们才能获得最好的结果。数字营销活动也是如此。那些把精力聚焦于少数活动并不断改进的组织最终会比那些资源分散的组织更成功。

阿里・贝赫纳姆

Tealium 有限公司联合创始人

致力于掌握不断发展的数字化趋势的企业需要做两件事：在创新中寻找机会和在迭代中投资。很多大好机会被企业过早地摈弃，只因为一开始这些机会的表现不佳。

托马斯・斯泰尔特（Thomas Stelter）

POSSIBLE 美洲公司新兴解决方案部门副总裁

永远达不到完美，只能为之努力。不要失去梦想。要不断迭代，要不断调整，要不断改进。

本・鲁本斯坦（Ben Reubenstein）

POSSIBLE 移动公司总裁

力求“不断创新，而非短暂的完美”是谷歌公司的创新原则之一。这种迭代的过程常常能带给我们非常宝贵的经验。观察用户在自然状态下使用我们的产品是找到什么有效的最佳方法，然后我们可以根据反馈采取行动。越早了解这些事情越好，这样就能及时做出反应，不至于在错误的道路上走得太远。

云加・布鲁尼尼

谷歌公司欧洲、中东及非洲区营销部门副总裁

为不同的人提供不同的体验 09

ONE SIZE FITS NO ONE

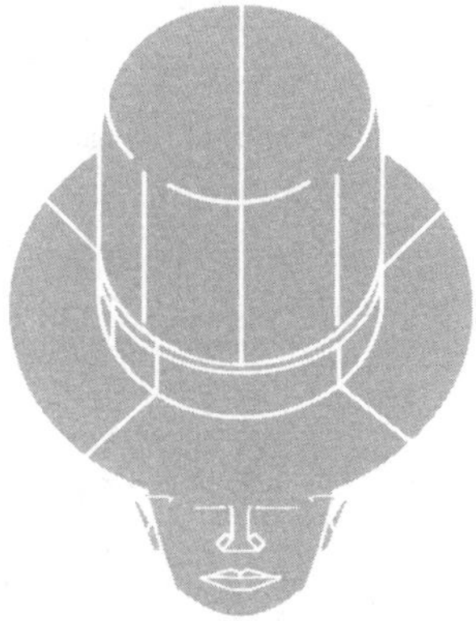

1

2001 年，在墨西哥拉莫斯阿里斯佩（Ramos Arizpe），通用汽车公司的生产线出产了设计最古怪的汽车之一。为了体现大胆设计的复兴，庞蒂亚克阿兹特克的口号是：“可能是地球上最万能的汽车”。它当然是。通用汽车设计这款车时考虑到了每一个人，从老爷爷到参加美国运动汽车竞赛（National Association for Stock Car Auto Racing，NASCAR）的人。以下只是它令人大跌眼镜的设计特点中的一小部分：

- 内置可移动冰箱；
- 有 22 种配置方式的装货网；
- 极其狂野的设计风格，使其成了《绝命毒师》中沃尔特·怀特（Walter White）的座驾；
- 两部分组成的后挡板，野餐时可以坐在上面；
- 后挡板上有固定的杯托，同样用于野餐时；
- 两套立体声控制系统，你在野餐时能够一边喝啤酒，一边听音乐；

- 可选的帐篷和可充气床垫包，内置的空气压缩机；
- 能够承重 400 磅的滑出式物品托盘；
- 可选的自行车架、滑雪板架和皮划艇架等；
- 安装在座椅上的背包（没有人知道它的用途）。

换句话说，这款车的设计考虑到了每个人对汽车的诉求。如果你爱好户外活动，你可以把它当作露营车。喜欢看比赛吗？没有什么比内置冰箱和震撼的立体声音响设备更适合野餐了。你是一个忙碌不停的妈妈？这辆车可以让你的各种购物袋井然有序，会超乎你的想象。你是个手巧的人吗？后备箱里装得下石膏板和户外地板。背部不适吗？试试炫酷的滑出式物品托盘吧，你再也不用弯腰了。

然而，没有人买这款车。通用汽车公司预计每年售出 7.5 万辆，但其实从未超过 3 万辆。原因很简单：没人想买一辆适合所有人的汽车，他们想要适合自己的车。一个尺码无法适合所有人。

营销常识

“一码无法适合所有人”不是什么难理解的事情。我们都知道，我们会对与我们相关的事情做出反应。在当今这个日益个性化的年代，我们期望品牌对我们有所了解，并且用新颖、令人惊喜的方式对待我们。这不需要太多。在我们写这本书的时候，克罗格公司（Kroger）实现了季度收入最长时间的连续增长。其中的一个原因是它远远超越了超市通常使用的“一刀切”式的宣传周期。相反，它们查看了积分卡数据，了解顾客买了什么，然后给他们发送他们最常购买的商品的打折券。

另外，为所有人提供相同的体验会导致两个大问题。

乏味的信息

假设你是一位厨师，你要为一场宴会做准备。唯一的问题是你只能上一道菜，而且每个人都必须能吃。你想做纽堡式火锅龙虾，但你知道有些人不会喜欢，因为龙虾在几分钟前还活蹦乱跳的事实让他们难以接受。所以，爬行的甲壳类动物就无法出现在菜单上了。

然后你意识到任何肉类都不行，因为有些客人是素食者，而且其中有些客人是纯素食者，所以乳制品或者牛奶也不行。当然，如今似乎每个人都患有麸质过敏症，所以就不要考虑面包和比萨饼了。如果他们需要低碳水化合物饮食呢？这意味着你不能用精米、土豆或者番茄。很快你就会发现，你只能做沙拉，可是不是每个人都喜欢吃。

如果你能上两道或者三道甚至更多道菜，那么菜谱会针对不同的口味确定。在这种情况下，你可以很容易地为每个人提供他们喜欢的菜式。营销也非常相似。信息的目标越广泛，其影响就越小。

漫不经心地确定目标

当然，大多数品牌不会犯这样的错误，它们会犯另一个错误：创建一条多少有些针对性的信息，然后把它定向所有人。我们可以从几年前的一则广告（如图 9-1 所示）中看到问题所在。

在这个广告中，一家保险公司为女司机提供了优惠的保险费率。这有什么问题吗？广告出现在男性小便池的上方。虽然有些男性肯定会提醒他们的女朋友或者妻子有这样的保险政策，但大多数男性不太可能有好的反应。

一定程度的一刀切定位是合理的。手袋设计师迈克·柯尔（Michael Kors）没有一个庞大的青少年市场，因此他的营销可以针对更多的高端客户，而不去关注青少年市场。但是在柯尔的受众中，自然会有想寻找不同类型和价位的手袋的子群体。

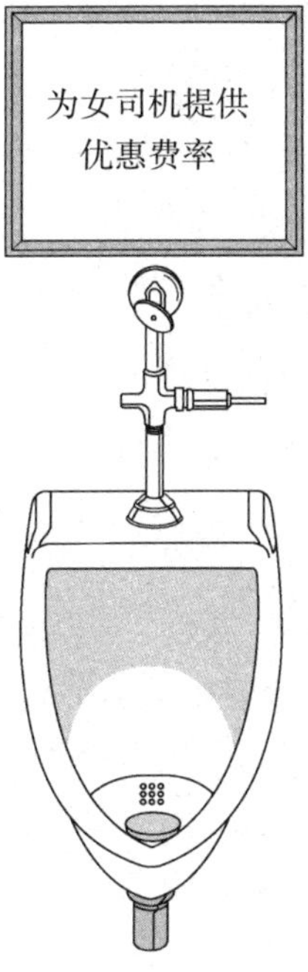

图 9-1　广告定向失败的例子

比如，美国户外用品连锁品牌 REI 就领悟到了这个道理。当你访问它的主页时，这很可能是你唯一一次看到它是这个样子。

下一次访问它的主页时，你几乎肯定会看到不同的页面。为什么？因为 REI 会追踪你看了什么，然后根据你的行为为你定制页面。试试看下面的方法，来看看它是如何工作的：访问网站 REI.com，点击几样女装，并把它们放入你的购物车；然后离开网站，几分钟后再回来；现在你会看到主页的色调变得更加柔和，并且有一些女装打折广告。页面上会出现女装，因为网站现在认为你正在寻找它们。那里很有可能会出现打折信息，因为网站知道上次你没有购买，并且认为你需要一些鼓励。

换句话说，REI 并没有太重视阿兹特克的案例。这家公司根据用户活动得到的一些小洞察生成了影响你的页面。

数字对定向营销非常有益

有些品牌对“一码无法适合所有人”的思维方式进行了更深入的研究。例如，亚马逊网站知道你买了什么，它们的数字资产会据此为你介绍更多的产品。如果你喜欢日本漫画，它会为你找到它们。你可能会对此感到高兴，结果买了更多的漫画书。

大多数品牌没有流量、数据或者产品组合来实现这种程度的个性化。这完全是可以的，但你不应当陷入“一刀切”的思维。即使是那些流量非常小的数字资产仍然可以为不同人群提供更好的体验。为什么呢？因为这些数字就是为此而生的。

数字技术能够轻而易举地让你对你的受众有更多的了解。当顾客浏览你的数字资产时，他们正不断地把自己的信息告诉你。我们可以把这些洞察分为两大类：行为和个人信息。

DOES IT WORK?

鉴于中国东部沿海地区和西部内陆地区、城市和农村、超大城市和小城镇发展的不平衡，一条信息无法让所有人知道。因此在中国，用定制化信息瞄准相应受众是实现效率和效益的唯一方法。

伊莱恩·吴（Elaine Ng）
POSSIBLE 公司亚太区运营总监

行为

行为洞察通常追踪你在数字资产上所做的一切事情，从你浏览过什么到你买了什么。以下是它所追踪的事情中很小的一部分。

- **之前访问的位置。**你以前是否访问过？
- **行动。**你正在看什么？
- **之前的购买。**你买过什么？
- **多次购买。**如果你是一位忠实的用户，或许你可以成为一位拥护者。
- **广告活动。**你是被促销信息或者广告活动吸引来的吗？如果是，你会成为营销目标。
- **推荐。**或许因为一位朋友在帖子中提到了它，所以你来了。如果是这样，根据提到的背景和内容，你会成为营销目标。

个人信息

一般来说，个人信息包括人口统计数据（比如年龄、性别和收入）或者心理学数据（一种表述你的兴趣和你倾向于做什么的时髦说法）。它可能涉及任何事情，只要与品牌有关。比如：

- 性别；
- 对高尔夫的兴趣；
- 位置；
- 你在某品牌的实体店的购买次数（从会员卡中可以获得这类信息）；
- 每年你去海边度假的次数；

- 你参加的行业会议；
- 教育水平；
- 你所在地区今天和昨天的天气。

最重要的是，个人信息具有品牌特殊性。不同的品牌出于不同的原因会关注不同的事情。航空公司对你的旅行方式感兴趣，餐馆对你的就餐习惯感兴趣。让它们的日程与你一致是定位营销的关键。

定位用户的类型

从本质上看，“一码无法适合所有人”的目标是分离出有意义的用户细分。当然在营销领域，用户细分并不是什么新概念，它们是一些志同道合的用户组成的群体。你可能听过人们谈论 18~25 岁的男性、50 岁以上的女性滑雪者或者已退休且富裕的高尔夫玩家。所有这些群体都具有某种特点，使你可以用更相关的信息和报价定位他们。

通常情况下，市场细分分析包括很多昂贵的研究。营销人员实施广泛的研究，将他们的受众分成不同的群体，并且发现最能激励他们的关键信息。数字技术能够帮助你把这件事做得更好。你可以将行为数据和概况数据整合在一起来构建用户细分。操作方式如表 9-1 所示。

表 9-1　用户细分的构建方法

我们知道什么	潜在的用户细分	我们怎么知道的
生活在美国加利福尼亚州的圣巴拉拉市，在一个旅行网站上搜索冬天飞往科罗拉多州的范尔（Vail）的航班	富裕的滑雪者或者喜欢户外运动的人	圣巴拉拉市是一个相当富裕的地区，范尔是一个昂贵的滑雪胜地
以前从未访问过，登录地区的邮政编码显示，该地区属于多雨地区	首次购买者，对防护服的折扣感兴趣	人们购买防护服是为了防范最近发生的事件。例如，在断电事故发生后，发电机的销量会猛增

续前表

我们知道什么	潜在的用户细分	我们怎么知道的
一个高尔夫球场上的人，被一则高尔夫教学视频广告吸引而来	业余高尔夫爱好者，至少有中等收入，可能会购买高尔夫装备	对高尔夫教学广告感兴趣的人
乡村地区，在一家非当地的实体店的网站上搜索	活跃的网上购物者，对包邮感兴趣	生活在这个地区的人们无法去实体店

DOES IT WORK?

在底特律，刮风时沙拉的销量会降低。对原因的猜测是刮风天不适合野餐，因为你的东西可能会被刮跑。人们没有认真考虑的事（比如我们如何利用天气条件）却能帮助品牌在做出决定前考虑用户的需求。

库尔特·赫切特

The Weather Company 全球首席营收官

人物角色

你已经建立起了一些用户细分。现在该做些什么呢？这是个好问题，因为细分的问题很简单：它们之间并不总存在着联系。这使制定策略变得很困难。当我们说“富裕的滑雪者”时到底有何含义？大多数创意对此都没有一个参照点。正如我们之前看到的那样，有创意的人一般都不擅长处理数字或者分类（不只是富有创意的人，没有人擅长）。所以，当我们试图为不同的用户细分提供不同的体验时，我们应当更多地把他们视为简单的概念和真实的人，而不是类别。

这就是为什么我们建议你创建人物角色或者关于人的真实故事来获得数据的本质原因。

一旦创建了人物角色，你就可以利用它们提供的创造性推动力来为用户量身定制体验。这既可以像改个标题一样简单，也可以像重新设计整个网站或者应用程序一样复杂。无论你做什么，你都应当准备好根据现有数字资产的标准进行测试并不断改进。通常情况下，正如我们将在下一部分中看到的那样，你的业绩将显著提高。

小改变带来大回报

即使微小而明显的改变也能对你的业绩产生巨大影响。为了了解它们是如何产生影响的，让我们看两个例子，一个例子来自一家金融公司，另一个例子来自一家家电公司。请注意，这些例子简化了现实世界中的活动，即我们通过对数字资产进行细微的改变来提高利润。

金融网站

一家金融公司想知道能否找到一种方法，来增加其在线股票交易服务的注册用户。我们提出了一个假设，即第一次访问该公司数字资产的非用户与以前曾经访问过的非用户有着不同的动机。原因相当明显：第一类人不会到处逛，对财务奖励比较敏感；而第二类人可能会货比三家，并且对自己的选择有很清楚的了解。通过测试，我们发现这个假设是正确的。初次访问者对优惠感兴趣，免费现金对这些临时购买者来说是一种很好的激励。回头客并不在意一点额外的钱。他们已经浏览过其他网站，并且对交易的成本和价值有过一段时间的思考。我们提供给他们的不是现金，而是免费的交易。

家电制造商

家电制造商有些特别，因为它只有少数几种型号的产品。这使我们可以针对回头客做一些非常有效的事情。我们相信，大多数人只对公司产品中的一种感兴趣。如果他们曾经买过你的洗衣机，就不会回来买烤面包机。于是，我们创建了一个独特的公司主页，只兜售某一种型号的产品，并展示其相关文字信息和图片。如果你登录这个网站来看一款洗碗机，下次你再登录时，主页主要展示的还是那款洗碗机。这样做的效果非常惊人，网站的访问人数激增了200%，购买行为增加了125%。[①]

① 这家公司不直接在网上销售它的产品，因此“购买行为”指的是表现出的购买意愿，比如使用零售商定位工具。

换句话说，小改变可能产生巨大的成果，而且不一定需要复杂的数据才能做到。你只需要善于对受众进行细分。

DOES IT WORK?

人们不想要千篇一律的信息。他们不想要同样的东西，因为他们想要获得个性化体验。我们正面临着传播心理与消费者期望根本不一致的情况。

布兰特·西格尔克
Urban Airship 公司首席营销官

为什么品牌没有实现用户定向

如果今天你没有实现用户定向，请不要自责。一些非常著名的公司也和你一样。如果你留心寻找这类情况，就会发现被错过的机会无处不在。我们立刻就能想到的包括大型银行、汽车公司、大型零售商和著名的连锁餐厅。去一些网上商店搜索“自行车”，你会吃惊地发现当你下一次访问这些网上商店时，自行车很少出现在显眼位置。

品牌通常因为两个原因没有进行用户定向：战略失败和技术失败。

战略失败

当营销的优先事项超越了顾客的需求时就会出现战略失败。顾客不会总是对笼统的信息有良好的反应。有时他们想看到一种信息，其他时候则会寻找另一种信息。然而，很多营销人员都忘记了这一点，而是硬要执行自己的计划。例如，如果一位产品经理把 X 类产品视为公司的未来，那么即使顾客对 Y 类产品表现出兴趣，他也不会推销 Y 类产品。

当营销人员误解了某个指标的重要性时也会出现战略失败。例如，在线太阳镜零售商知道在家试戴是购买意愿的重要指标。然而你会发现，很多网店会向你发送免费试戴的广告，哪怕你已经订购了它们的产品，你已经知道了自己的度数。之所以会发生这种盲目的行为是因为它们只关注一个单一的指标，并且没有在消费者整个购物过程的背景中解读该指标。

技术失败

很多品牌虽然有战略愿景，但它们缺少创建不同体验的技术。为了创建不同的体验，你需要一个很好的内容管理系统或者一种很好的优化技术。它们价格低廉吗？好东西都不便宜。但是，如果你有可以充分利用它们的人员和程序，那么为它们花的每一分钱都是值得的。

一码无法适合所有人的原则

你打算开始针对不同的人采用不同的营销方式了。恭喜你，你是不会后悔的。但是，你首先需要知道以下事情。

- **以商业目标为先导**。到目前为止，这个步骤应当不会令你感到吃惊了。先确定清晰的目标，这样你才会知道自己想得到什么结果。
- **了解顾客想要听到什么**。"一码无法适合所有人"需要一种以顾客为中心的视角。这意味着你应当对根据顾客的期望定制你的传播方式更感兴趣，而不是对自己想要告诉顾客什么感兴趣。你不必放弃所有的营销战略，而使网站的体验完全取决于用户的需求，你应当把他们的思维方式纳入你的考虑范围。有时，他们想听到的东西不同于大人物想告诉他们的。如果你的公司想成为世界上最好的拖鞋制造商，那么恭喜你，你有了一个目标。这就是说，如果一位顾客穿着凉鞋走进你的店铺，那么他可能已经有满满一抽屉拖鞋了。
- **使用你已有的数据**。如果拥有像谷歌那样庞大的数据库当然很好，但是大多数公司都没有。不过，你依然可以利用几乎所有的碎片化信息。每位营销人员将拥有不同的机会。有些营销人员只能根据基本的信息采取行动，比如前一次或者下一次的访问量。另一些营销人员能够获得有关用户的详细信息。你永远都不应当把缺少详细信息作为不采取行动的借口。
- **形成有关用户的假设，为他们设计不同的体验**。想要了解更多有关测试基础的内容，请阅读第 8 章。
- **确保信息适合媒体**。当针对不同群体传播信息时，你可能会过度使用这些信息。例如，如果你知道 A 群体对某条信息有比较好的反应，你可能想把这条信息贴在各种地方。但是你要记住，如果过度推销，体验可能会变得很糟糕。你应当相信那些聪明的创意人员，并且在这方面有所克制。

- **测试并且使结果透明**。我们之所以问“它有效吗”是因为它有时是无效的。只有良好的测试制度才能带来你想要的长期成功。
- **学习**。当你努力改善用户体验时，你应当充分利用你收集的数据来更好地了解访问者。你可以利用数据发现其他相关的用户细分或者定位他们的其他方法。然后，尽可能广泛地将这些信息应用到其他数字资产上。

分享。让组织中的每个人都知道你对用户有哪些了解。

在定位上偷懒的危害

谷歌的 AdWords 是一款非常棒的产品，几乎任何人都可以使用它来获得定向广告。它的工作原理是你根据人们输入谷歌搜索引擎中的特定关键词来制作广告（你还可以让你的广告出现在有特定内容的博客中）。例如，如果某人搜索了“洒水器”，五金店就可以根据这个关键词设置一个关于草坪护理产品的广告。如果谷歌发现了一个有饼干配方的美食博客，它就可以在那里展示你的专利饼干切坯机的广告。

这就是说，长期以来，品牌在这方面犯了可笑的错误，主要是因为它们没有搞明白搜索者的思维方式以及他们可能在寻找的内容。例如 eBay 在全球范围内销售各种商品，它在印度的营销团队提出了一个非常好的想法。如果某人搜索某个关键词，那么广告的标题就会是这个关键词。如果你点击了广告，就会在拍卖网站上搜索它，并且会看到搜索结果。这个想法听起来很棒。如果有人搜索了“手提钻”，广告标题就会是“手提钻”，点击它后你会看到 eBay 上的一个搜索结果页面，上面都是手提钻。完美！只是如果你搜索的是你通常不会购买的东西会发生什么？

事实上，如果你搜索“婴儿”，eBay 也能卖给你一个，要么是全新的，要么是二手的。我们认为，这并不是那么有效。你甚至不需要搜索就能发现这个想法错得离谱，你只需要有错误的关键词。

在歌诗达协和号游轮沉船事故发生后不久，网络上到处是相关视频。有些视频还附带着提供打折游轮之旅的广告。这简直就是警告。

有关隐私的悖论

当营销人员越过他们的边界时，就会出现一个不那么好笑的问题。数字行为会透露一个人的大量信息，有时甚至令人不安。例如，你会在亚马逊上搜索一些书。研究这些信息的人可能认为你有一个在自律方面有问题的孩子，或者你患有一种令人尴尬的身体疾病，或者你的财务状况令人担忧。更令人烦恼的是，营销人员会把这些模式与特定的生活状况匹配起来。你甚至不需要搜索任何东西，他们就能够从你浏览网站的方式判断出你属于哪一类人。

当塔吉特百货公司（Target）开始把准妈妈作为目标时，这就变得很明显了。该公司这样做的原因很简单：无论出于什么原因，孕妇会成为第一家为其提供婴儿用品的供应商的忠实客户。当然，以这类女性为目标并不像大多数文章所写的那样复杂或者难以理解。你只需要找到一位突然开始搜索孕妇装和婴儿用品的女性即可。你可能需要对算法进行一些测试，区分出那些为其他人的宝宝派对而购买婴儿用品的女性，这并不是很困难。

遗憾的是，解决了这个问题后，塔吉特百货公司选择了一个明显的定向方法：它给每位准妈妈都邮寄了一本广告小册子，里面有孕妇装和宝宝尿布的广告。当一位男士收到寄给自己十几岁的女儿的这本小册子时，可想而知他有多么气愤，会对塔吉特百货公司多么不满。当然，事实证明他女儿确实怀孕了。这太可怕了。

有趣的是，利用数据定位特定用户细分的压力并不只来自试图赚钱的营销人员，还来自希望得到更好、更积极的体验的消费者，他们希望这些体验更具用户敏感性。像苹果这样的公司就能够非常有效地利用数据来预测用户的需求，提供一些看起来很神奇的体验。作为用户，我们希望有这样的回应，而且它通常与大量的数据收集同时发生。

我们称之为“隐私悖论”。一方面，消费者希望我们更好地了解他们；另一方面，他们希望自己的隐私得到保护。我们无法帮助消费者解决这个问题。在可预见的未来，各品牌不得不继续探索，而且规则很可能会随时间而发生变化。在某个时刻，消费者，而不是营销人员将为合适的交易制定指导方针。

即便如此，我们仍然可以创建以下一些基本规则。

- **避免私人话题**。我们都希望个人信息得到保护。在大多数情况下，你不应当问有关你个人数据的私密的、隐私的问题。如果被发现你在这样做，这对你的品牌的损害将大于任何益处。
- **掩饰定向**。即使你不会像塔吉特百货公司一样做那种可怕的事情，但是为了不让人们感到不舒服，有时也应当适当地做些掩饰。要在有针对性的内容中混入随机的、没有针对性的内容。有时候，说得少比说出你知道的一切更有影响力。
- **使用中立化的语言**。广告和促销应当显得很自然。不要说“我们注意到你在做 X，你愿不愿意做 Y？”这显然是在给 Y 做广告。

最终，如何营销取决于你自己，但是如果你对某事是否恰当存有疑虑，那么宁可谨慎一些。

现实世界中的定向

定向让我们能够更多地了解我们的用户。但是请不要忘了，你在网上了解到的情况不一定始终停留在网上，即使人们没有在积极地使用技术时，它也可以为你提供洞察。随着基于位置的服务和可穿戴技术的发展，我们将更深入地了解那些处在物理位置中的人们的需要和期望。

例如，假设你经常搭乘飞机出行，每年飞行超过40万英里①。航空公司非常喜欢你，你已经是三家航空公司的白金会员了。你还下载了它们的应用程序，因为你经常旅行，所以你总能用到这些应用程序。

这就使航空公司可以尽可能地为你定制体验。它们知道你什么时候到机场、什么时候等行李等得太久，甚至知道你喜欢住哪家酒店。这样，它们就可以把酒店服务打包进来，这对空中飞人来说是非常有用的。

① 1 英里约为 1.6093 千米。——译者注

更重要的是，它们知道你什么时候没有搭乘它们的航班。当你没有订 A 航空公司的机票时，它可以追踪你飞往什么地方。它们可能会发现，你在飞某条航线时更喜欢另一家航空公司，因为它有直飞航班，而 A 航空公司没有。或者虽然 A 航空公司也有航班，但是你更喜欢另一家航空公司。在这种情况下，它们会考虑航班的时间或者费用。

在任何一种情况下，A 航空公司都可以查看其用户细分，发现需求，并且找到更好地为你服务的方法。它们必须从某处开始。

对你有效吗

“一码无法适合所有人”是一种很简单的理念：基于你所知道的，为人们提供更好的体验。这需要复杂的技术或者仅仅需要常识。只要你这样做，就能够提高数字资产的回应性，满足消费者的期望，为他们提供更好、更灵活的体验。以下是你需要思考的一些问题。

- 我们的组织是否以相同的方式对待所有的客户和潜在客户？
- 我们是否担心要用复杂的细分数据来区别对待人们？
- 我们是否用现成的数字信息对用户进行细分？
- 对于如何使用现有的数字化工具对用户进行细分，我们是否提出了假设？
- 我是否担心做过了头，用隐私信息对客户进行定向？
- 我们如何在其他领域使用数字细分？
- 当为数字渠道创建内容时，我们的目标是创建“适合每一个人”的版本还是创建适合不同受众的不同版本？

思想领袖的观点

相对于传统的市场细分，转向人物角色的趋势很有帮助，因为你可以获得有经验的驱动者的综合特征，通常这些特征不受年龄、社会经济地位等因素的限制。我们考虑的是那些驱动者的人物角色，他们将是我们业务的早期推动者、行动先锋和早期大众。在 B2B 商业模式中，我们最大的挑战在于以情感和体验与人物角色沟通，让他们愿意在其最终产品中使用你的产品。如果你能够在更情感化或者更具体验性的层面上与他们建立联系，那么相对于传统的市场细分方法，你通常对市场更具吸引力。

麦克格雷戈·阿甘

英特尔公司营销事务部总经理

定制数字化体验很像策划一次约会。你可能对约会对象的性格和好恶有一些了解。你试着想出你们都喜欢做的事情。数字化体验也是如此，你必须考虑你的同伴或者消费者，建立起一种让他们感到独特、特殊且容易被理解的体验。

夏莲娜·卢库斯基

POSSIBLE 公司高级数字分析师

几十年来，营销人员一直在说“对的人、对的时间和对的信息”，但是现在这句话才真的有意义，因为你真的可以这样做了。我们都具备了这样做的能力。但问题是我们要如何追赶上来，构建资源和基础设施，来创建这种个性化信息？

丹尼斯·卡尔科斯

互联网券商 TD Ameritrade 首席营销官

根据思维模式而不是人口统计细分来定向往往更有效。有两岁孩子的 28 岁母亲和 67 岁的修女在牙疼时的表现非常相似。能够提出真正相关的问题并且挖掘出人们在某个时刻的潜在动机的数据人员具有特殊价值。

乔·谢波特

自由营销 / 广告撰稿人、战略顾问

看一看数字时代的早期，你会发现它相对简单，比如谷歌、Facebook 或者其他类似的服务，现在有多种不同的数字化组织。作为个体，我们会买不同篮子里的东西，这取决于我们的需求水平。了解这些事情的最新情况已经与过去不同了，包括了解受众、了解随着不同的星期和不同的性别组合而发生变化的方式以及将它们与你在一次广告活动中需要做的事情匹配起来。现在，我们通常会寻找那些非常喜欢社交并且在早期阶段大量使用我们产品的群体，这样他们能够帮助我们拓展社交渠道，把我们的产品告诉他们的朋友。对每种产品来说，方法都是不同的，因此找到最有效的、最合适的方法使媒体规划的角色变得更加复杂。现在，一切都是为了吸引受众。渠道变得更多了，这很重要。

安德鲁·康奈尔

华为技术有限公司西欧设备事业部首席营销官

能够以个性化的、一对一的方式与你的用户交流是营销的终极目标之一。当我们离实现直接与受众进行交流的品牌愿景越来越近时，在用户看来，品牌传递的信息就越真实、越与他们相关，而且我们了解如何让业务增长、如何更好地服务客户的机会也会越多。

安德斯·罗森奎斯特

博士、战略专家、POSSIBLE 公司新兴媒体总监

我们注意到的另一件事情是，对妈妈们来说，天气可能是她们对一天的第一印象。她们醒来，起床，习惯性地打开电视收看《今日秀》(*Today Show*)，并开始一天的忙碌。现在我们看到的是，她们拿起 iPhone 手机查看天气，这就好像在说“好吧，让我来把家人安排好”。他们今天打算出去玩。他们早晨需要穿外套吗？不需要。中午穿短裤合适吗？早晨要穿长裤吗？我想对于妈妈来说，这是非常私人的事情，也是她们需要做的事情。

库尔特·赫切特

The Weather Company 全球首席营收官

我认为，我们仍处在“一刀切”思维的世界中。部分原因是很难有大量的内容、促销、图片、文案和行动口号。大多数在公司内部工作的人都严重低估了创建内容的难度。

阿维纳什·卡希克

谷歌和 Market Motive 公司的营销布道者

《精通 Web Analytics 2.0》一书的作者

忠诚度会终结营销。例如，苹果公司在销售和品牌亲和力方面做到了极致，它为用户提供了非常一致的、与用户紧密联系的体验。他们发布的广告是无缝的且不会令人厌烦

的。如果品牌真的想要为用户建立一种长期承诺，那么就在广告活动之前体验一下。忠诚度先行于营销。营销人员现在正在努力学习营销技术，使自己能够更好地实时执行。秘诀就是找到一家致力于创建最佳体验和内容，并善于将这一切整合在一起的代理公司。

保罗·苏恩

POSSIBLE 公司亚太地区首席执行官

Swift 公司的很多作品都会被发布在我们客户的社交渠道上。对我们来说，在社交媒体上针对两三个不同的人群发表两三种不同的帖子是很常见的。我们与客户的媒体代理公司合作，依据目标判定创意的成败，并为未来进行优化。

莉兹·瓦伦丁

Swift 公司联合创始人和首席执行官

现在有很多很好的工具可以基于细分原则实现个性化定制。更常见的情况是，营销决策者被数据点和选择淹没，而不是缺乏实现个性化承诺的工具。我认为最好的经验法则是从简单开始，然后密切关注成功指标，并根据每种情况做出调整。

亚当·沃尔夫（Adam Wolf）

POSSIBLE 美国公司首席技术官

数字营销的未来是用跨渠道用户的统一观点来对用户进行细分，用一致的或者具有凝聚力的信息来定向这些用户细分或者人物角色。那些采用统一营销方法的组织将会赢得营销战役。

阿里·贝赫纳姆

Tealium 有限公司联合创始人

我不相信“永远适合”，而相信“永远相关”。企业在网络上发布那么多的内容只表明它们是存在的。除非它说的能真正让你感兴趣，而且说的是你认为值得参与的事情，否则你为什么要关注它们呢？

迪安·阿拉贡

壳牌石油公司全球品牌部门副总裁和首席执行官

10 创新的框架

FRAMEWORK FOR INNOVATION

假设现在是 1996 年，你刚刚成立了一家旅行社。你热爱自己的事业，喜欢帮助他人，你以为你会永远愿意帮他们订宽敞的酒店房间和狭窄的航班座位。但是在五年内，像 Orbitz 和亿客行（Expedia）这样的旅游网站夺走了你的工作，改变了这个行业。

这种故事让我们陷入了恐慌。如果我们所在的领域是下一个被遗忘的领域怎么办？有什么看不见的危险正偷偷接近我们的业务？对于一些颠覆性的变化，我可以做些什么？如果你担心事情变化得太多，让你无力应对，那么让我们为你介绍一个人，他兴旺的事业在一天之内就被颠覆了，而不是在五年内。

他的名字叫提琴手迪克（Fiddler Dick）。他曾经是一群专门在伦敦火车站行窃的扒手们的头目。在其职业生涯早期，他发现了一些有趣的事情。当火车到站时，下车的人会心不在焉：他们寻找亲人，提着行李挤过人群。所以，扒手很容易趁机偷走他们的现金和珠宝。

迪克还注意到了其他事情：当扒手在人群中得手后，火车也准备驶离站台了。这是非常完美的逃脱工具。扒手要做的就是偷些东西，然后信步踏上火车。由于当时信息的传播速度没有火车快，因此在受害者意识到自己被偷或者警察采取任何行动之前，扒手早已经逃之夭夭了。

在1844年8月24日之前，这个计划一直执行得很好。在那一天，警察使用了一项新发明——电报，他们向下一站发了一份描述了迪克及其一位助手的外貌的电报。扒手被抓住了，并被判处10年监禁。

迪克的例子说明了缺乏创新的危险性。虽然他在事业发展的早期非常有创造力，但是他后来变得懒惰而满足。颠覆性的变化发生了，那就是他扒手生涯的末日。

为什么迪克失去了一切

人们很容易认为迪克是愚蠢的家伙，认为他对现在看起来显而易见的发展视而不见。这样说不公平。尽管他选择了这种职业，但是显然他并不笨。由于他的技能和成功，他在扒手这个行当中是备受尊敬（或者臭名昭著）的。他有趣的名字说明他在某些圈子里挺出名的，而且他曾经花时间学习小提琴。公平地说，我们都有自己的盲点。

不过，迪克缺乏两样可能对他有帮助的东西：创新流程和运气。我们会看到，对他来说，更具决定性的可能是后者，而不是前者。原因如下。

- **迪克曾经很有创造力**。他最初的铁路扒窃方案说明他精通当时的通信和交通技术。遗憾的是，像大多数犯罪嫌疑人一样，他有一点懒惰。一旦他发现了有效的方法，他就会一直沿用下去，而不再创新了。他以为今天有效的方法明天会依然有效。
- **他没有好奇心**。迪克没有费心去开发自己的创新雷达。他坚持自己的生意，不关心扒窃以外的事情。当看到工人在地上插杆子，并用电线将它们连成串时，他本应当问一些问题的。如果这样做了，他可能就会意识到他的业务模式存在可行性问题。
- **他没有密切关注其他创新**。如果有些事发生了根本性的变化，你会希望尽快意识到它。例如在迪克被捕后，镇上其他扒手对这条消息迅速做出了反应。伦敦的报纸报道称扒手们非常害怕，大多数扒手都暂时停止了行窃，直到搞明白这项新技术的影响。当然，犯罪嫌疑人往往对其所在领域中的新发展会非常敏感。你应当以他们为榜样。

- **不断创新是关键**。不过，伦敦的扒手们在另一个方面也有失误。他们对变化毫无准备，因此不得不在很长一段时间内保持低调，直到搞明白情况。这无疑会对他们的收入造成损害。但是假设他们有一种创新文化，不断寻找新的行窃方法的扒手会无缝过渡到后电报时代。相反，他们习惯于以某种方式做事，当颠覆性的变化发生时，他们只能挨饿。
- **你通常能够适应改变**。大多数人的技能是可以转移的。电报并没有阻止火车站的扒窃行为，但它确实促使扒手们重新思考了这种商业模式的潜在风险。最终，他们要么涉足其他领域，比如入店行窃或者持械抢劫，要么找到新的交易途径。

迪克也是不幸的。只有极少数扒手会因为新出现的电报技术而被抓（尽管它被证明是一种打击犯罪的有效工具）。如果那天早晨迪克醒来时得了严重的流感，那么被抓的就是其他人，他可能会再次尝试创新。

定义创新

你可以找到很多创新的定义。字典会把它解释为新颖的事物。一本关于创新的书有时会梳理出 15 种不同的创新，每一种都有自己的定义和需求。在这本书中，我们想采用简单的定义：创新就是一种更新、更好的东西，能够帮助我们实现商业目标。让我们来分解一下创新。

- **新的**。这是显而易见的。你必须想出一些目前不存在的东西。这不一定意味着以前从来没有人做过（事实上，你总是很难找到真正的新东西）。然而，它对你的组织和你做生意的方式是新的。
- **更好的**。创新意味着审视现有的问题并解决它们。你可以改善用户体验、降低成本或者扩大你的受众。你还可以改善你用户的生活，他们会喜欢你这样做的。

- **有助于实现商业目标**。就像应用“它有效吗”这种方法一样，我们在没有仔细思考之前是不会贸然开始创新的。不应当为了创新而创新。所有的创新一定要能够帮助你逐步实现近期或者远期的商业目标，达到成功的标准。我们能够想出非常酷的广告活动创意，但是如果它只是很有趣或者影响的人群不对，那么这种创新就是毫无意义的。

DOES IT WORK?

为了产生巨大的影响，你必须从革命性思维而非进化思维开始。为了创建支持这种思维的文化，企业要奖励正确的事情，支持并庆祝失败，因为我们可以从冒险中吸取教训。

云加·布鲁尼尼

谷歌公司欧洲、中东及非洲区营销部门副总裁

在什么地方创新

亨利·福特经常说，如果他问顾客他们想要什么，他们会说“一匹更快的马”。他是否真的说过这样的话无关紧要，但含义很清楚。他按照自己对需求的想法创造出了 T 型车。这款车的价格很实惠，打开了一个全新的市场。从那时起，这句话就引起了一场关于创新者是否应当听从客户意见的辩论。我们认为辩论双方都对。你需要不断改进，尤其在数字资产方面，否则它们会变得陈旧。但是，你有时也应当奋力一搏，抛开客户对你的要求，开始思考你可以做他们可能会喜欢的哪些事情，而不管他们知不知道它。毕竟你是技术专家，他们不是。

那么，从什么地方开始创新呢？你必须发现用户的问题，然后寻找解决这些问题的方法。在开始这样做之前，你要问自己以下这些问题。

1. **什么有效**？你可以在行业内问这个问题，但是更好的做法是在行业外提问。重要的不是关注每一种创新，而是应当关注重要的创新，真正具有决定性的创新。它们可能是你想要关注的。
2. **什么无效**？任何公司的营销过程都不是完美的。因此问一问自己你遇到了什么类型的问题。重大的问题会跃然而出。在客户的两次购买过程中，你都没

有与他们互动。你正尽力在零售区域内找到一种优等品。客户还有未被满足的需求，甚至他们自己都没意识到。解决这些问题，你就走上了创新之路。

3. **我们有什么问题**？你可以在组织内部提出这个问题，也可以在组织外部问用户这个问题。需要解决方法的问题是进行可持续创新的成熟领域。
4. **我们正在面临的风险或者潜在风险是什么**？你应当思考是否任何系统性风险或者出现在市场中的任何风险都威胁着你的业务。显然，你应当在那里进行创新。
5. **我们的竞争对手在做什么**？你应当坦诚地看待他们的努力。有什么是你想要复制、模仿或者改进的？

当探究每一个问题时，你应当过滤出你可以在哪些方面对用户的生活产生影响。例如，你不应当问你是否能在一种新的社交资产上大赚一笔，而应当问你是否能以加深并改善与客户关系的方式来这样做。如果创新没有提供价值，那么它就是毫无益处的，甚至是不可取的。

DOES IT WORK?

> 你必须让你的创新超越用户的需求，因为你会想到一些用户无法想象的事情。
>
> 拉尔斯·马德森
>
> 佳能欧洲公司商业战略与发展部门经理

创新的 DIW 步骤

在应用“它有效吗”方法的背景下，良好的创新过程是什么样的呢？

- **定义成功**。正如我们之前说过的那样，你需要明白自己想通过创新达成什么目标以及什么是成功。“有创新性”不可能成为成功的一个指标。
- **设定一笔固定预算**。你必须能够为创新制订计划，因此你需要设定一笔稳定的预算，这笔预算是以持续存在为基础的。好消息是预算的金额不必很大。可口可乐公司将 10% 的营销预算用于创新。也就是说，90% 的预算会用在那些肯定有效的事情上。
- **不要把所有鸡蛋都放在一个篮子里**。你应当更多地把创新视为一种投资组合策略。尝试一些高风险的项目，你在其中少数项目上获得成功的可能性会更大。风险资本家倾向于这样做，他们会投资 20 家左右的新兴公司，却只期望大约 1/10 的公司能获得成功。

- **创建一个安全的环境**。我们应当允许失败，允许人们拥有创造奇迹所需的空间，并且不被干扰。你必须确保每个人都知道评判他们的依据是敢于尝试，而不是成败。
- **与企业文化保持一致**。创新者犯的重大错误之一是没有考虑他们组织的文化。你的创新不应当太超前，以至于你的公司无法利用这种创新或者你的客户无法理解这种创新。你需要确保你的创新与你的组织和受众保持一致。
- **问"它有效吗"**。提出一个新想法是很有影响力的事情。我们围绕新想法构建故事，想象它们的成功是势不可挡的。结果，很多人在应当放手的时候依然紧抓着创新不放，就像风险资本家坚持投资一家创新公司，而这家公司在很早之前似乎就不会成功了。

有了创新和"它有效吗"方法，你不仅需要事先确定成功的样子，而且你也必须进行衡量，并且在评估是否有效时做到透明。如果创新没有产生效果，你也不要灰心丧气。正如我们之前看到的那样，即使最富创新精神的公司在创新上也没有非常好的记录。

一次性创新很少能有效。相反，你必须做好反复创新，做好让它变得更好的准备。我们将在下文中详细讨论。

DOES IT WORK?

恐惧是创新最大的障碍之一。我们有时会厌恶风险，因为失败会导致我们被解雇或者让公司损失很多钱。我认为，突破这个障碍的唯一方法就是不要把所有鸡蛋都放在一个篮子里。我们需要管理风险，我们需要尝试让风险最小化。这是营销团队的作用。我们都是专业人士，因此我们需要赋予营销团队冒险的权利，并且让他们知道如何处理这种情况。对我来说，这就是文化。在公司中，重要的是我们如何开始培养这种文化，以及如何才能开始赋予员工这种权力。

吉多·罗萨莱斯

可口可乐公司欧洲集团整合营销负责人

风险管理

你可能不认为电影制片厂是一个有创新性或者有风险的企业，但它其实是最具创新性和风险性的企业之一。经济学家亚瑟·德·万尼（Arthur De Vany）（被称为原始饮食之父）和 W. 戴维·沃尔斯（W. David Walls）创建了一些统计模型，这些模型能够证明电影上映结果的不可预测性。这种动态关系类似于病毒视频和其他高影响力的广告活动中的动态关系。于是，电影制片厂开发了一套复杂的投资组合系统来管理风险。年度预算被分为多只基金，每只基金都有一个资源池。每只基金都投资几部电影。总的来说，大约 20% 的电影会失败并赔钱，60% 的电影不赔不赚，剩下大约 20% 的电影会赚很多钱。通过以这种方式管理风险，较大的电影制片厂得以蓬勃发展，而独立工作室会因为第一次大的失败而一蹶不振。

所有的创新尝试都有风险。每年，波士顿咨询公司（Boston Consulting Group）都会对此进行调查，谷歌公司通常会排在前三名。原因显而易见：它产生出很多成功的创新。但是它也出现过一些值得关注的失败，比如 Google Wave、Google Buzz、Google Dodgeball 和 Google Knol。所以当我们看到创新成功时，重要的是要考虑它发生的背景——预估到失败并能够接受失败的背景。谷歌公司是伟大的创新者，因为它也擅长失败。

最重要的是要理解风险和失败，将它们置于你自己的环境中。为此，我们以三种不同的方式定义风险。

1. **风险**。每当你尝试做新鲜事的时候，风险就会出现。每当你进行创新或者让一个业务小组进行创新时，你必须能坦然地接受可能毫无结果或者会失败的情况。从“它有效吗”视角来看，重要的是要确保你理解了失败并从中学到了东西。Google Wave 虽然可能已经失败了，但这种失败使谷歌公司得以探究一种看待通信的创新方式，并且提供了可能对 Google Docs 产生了影响的洞见。
2. **更大的风险**。当你进行了太多的创新，并且一次尝试了太多的东西，却没有将它们与业务成功地联系起来时，就会产生更大的风险。你的风险偏好应当受到预算和品牌实际情况的控制。可口可乐公司每年将 10% 的营销预算用于真正的创新营销。当然，你可能只能做得更少。不要贪多嚼不烂。

3. **最大的风险**。最大的风险是根本不创新。如果你在不断变化的领域中静坐不动，最后你可能会像提琴手迪克一样。

当成功时，你要做些什么

如果做得对，创新常常能够带来不寻常的事物：真正的产品。例如，制作出应用程序并把它放在应用程序商店相对容易，而且并不需要花太多钱。这确实是一个非常棒的想法。但是应用程序不仅仅是为了让你的用户感到惊喜和愉悦，它还有助于你与用户建立起更深厚、更亲密的关系。如果做得对，你的品牌会对那些对你最重要的用户更有价值。遗憾的是，只有当你准备好持续创新时，这种情况才会发生。

我们称这种情形为漏洞修补悖论（bug-fix paradox）。2014年年初，我们对此进行了简单的研究，研究了人们对快餐应用程序的简单印象。我们把这些应用程序分为两组。第一组程序最近升了级或者经常升级。第二组应用程序于几个月前发布，发布后主要修补漏洞。我们对这些应用程序历来的评分和最近升级后的评分进行了比较，这样做能够让我们了解最近做出的改进是让人们更喜欢这款应用程序，还是更不喜欢它们。

结果，最新的以及创新的应用程序的评分会随着时间不断提高，而修补了漏洞的应用程序的评分都下降了。这似乎有违直觉。难道不应当是漏洞较少的应用程序战胜漏洞多的吗？

我们可以将问题归结为两个原因：环境影响和外部竞争。对数字世界来说，两者都是新鲜而独特的。

环境影响

传统上，同类品牌之间通常会相互竞争。换句话说，汉堡王非常努力地想要做出比麦当劳更好的汉堡和更吸引人的广告。它并没有像百威淡啤酒那样异想天开，也没有像福特卡车那样艰难。根据类似的逻辑，当一家商店的营销部门发布一款应用程序时，其他商店会发布更好的应用程序。

遗憾的是，现在这种做法已经行不通了。如今，产品、技术和市场前景决定着消费者期望。谷歌公司、苹果公司、Netflix、Facebook 和亚马逊，而不是赛百味和邓肯甜甜圈（Dunkin' s Donut）在数字体验方面遥遥领先，这就是我们所说的环境影响。在这种情况下，你的竞争对手不会给你创造的体验设置障碍，相反你必须满足受众对灵活、无缝、有用的体验的期望。这个问题对以千禧一代为目标的公司来说尤为突出，因为它们从一开始就面临着很高的数字化预期。

可能没有哪家公司会比 Nest 公司更了解这一点。在 Nest 公司成立之前，恒温器公司只是互相竞争。而 Nest 公司开发了一种应用程序，它适合于受数字服务体验所影响的环境。这种应用程序很智能，有交互性，省钱，能够让人们的生活变得更容易。

有些品牌也开发了类似的应用程序，比如 Five Guys 的应用程序有一个特点，那就是能让你重新订购你的上一个订单。这是与用户期望非常吻合的智能功能。换句话说，每当营销人员创建一种产品时，它必须能够达到精通数字技术的大众的高标准。你不能只帮人们找到一家餐馆，其实他们想得到更多。

外部竞争

你的第二个担忧是你的产品、服务或者独特的差异化产品会在真实世界中遭遇做相同事情的竞争对手。例如，耐克研发出 FuelBand 智能手环时就遇到了 FitBit 智能手环和 Jawbone 运动手环。这两家公司都是靠健身产品生存的公司。即使是像耐克这样强大的品牌，战胜它们也很困难。

竞争在所难免，甚至是预料之中的事。美国品牌 Sea Tow 就是一个很好的例子。在紧急拖拽搁浅船只领域，这家公司是品类杀手。它的服务方式类似于美国汽车协会（American Automobile Association）或者欧洲车辆救援联盟（ARC Europe），你可以支付很低的费用成为年度会员。这样，如果你的船在外海发生故障，Sea Tow 公司会免费救援。这是一笔很有吸引力的交易，因为独立救援服务提供者拖拽一次的费用可能高达数千美元。

Sea Tow 公司用一款应用程序一跃进入数字时代。这款应用程序能够为正在海上工作的船员提供有用的信息，比如海浪和天气情况、潮汐，甚至是一部全球定位系统。如果你需要帮助，它能与 Sea Tow 的救援服务同步，派船到你所在的位置。

这听起来很棒，直到你意识到有几百个具有类似功能且能更好地完成任务的应用程序。天气应用程序能够提供即时的风力报告，还有记录你在船上总共花费了多少钱的应用程序、记录全世界的海图的应用程序、失事信标应用程序、几十种天气的应用程序等。相对于其他公司，Sea Tow 公司有一个优势，那就是它不需要从应用程序上获利，而它的竞争对手正在努力保持着质量上的优势。

因此，即使 Sea Tow 公司在拓展品牌方面做得很好，但它与一群虎视眈眈的开发人员产生了冲突，这些人除了开发基于海洋的应用程序什么都没做。为了让用户继续使用公司的应用程序，它必须尽可能地做到敏捷且积极进取。对于业务重点不在该领域的品牌来说，这可能很难。

迭代创新的过程

显然，不存在适用于所有产品开发的创新过程，但是为了比较创新过程与传统营销过程有何不同，概括介绍一下创新过程会很有帮助。以下是产品开发过程中的一些典型阶段。

1. **确定机会**。首先，你要确定设计大纲和需要解决的问题。有很多方法可以做到这一点。我们通常将头脑风暴和深入研究结合起来，研究什么有效、竞争对手在做什么以及消费者缺少什么。
2. **用户旅程**。遵循设计大纲，确定你希望人们与产品实现何种交互以及希望达成的结果。你想让人们做什么，有什么感受？需要哪些接触点？有哪些功能要求和技术要求？

3. **发展概念。**在这个阶段，你应当把用户旅程精炼成或许能被作为解决方案的假设概念。然后，你可以使用从原型到焦点小组和用户研究等各种工具对这些概念进行评估。
4. **设计并构建。**我们坚持使用双管齐下的方法来设计和构建。首先，我们有迭代设计和构建原型的阶段，在这个阶段，我们会确定用户体验的具体愿景。我们运用敏捷开发流程努力实现这个愿景。敏捷开发流程能够迭代式地逐渐实现产品愿景。
5. **营销计划。**尽管体验的交互设计非常重要，但是如果人们不了解产品，它也没什么用。我们说的并不只是宣传和品牌认知度。数字营销人员面临的一个重大问题是他们正在为消费者引入他们不熟悉的界面。显然，你应当遵循设计的最佳实践，而营销可以确保你不会向用户发布对他们来说完全陌生的东西。
6. **Beta 测试。**在用户体验被发布之前，你一定要确保它得到了彻底的优化和完善。Beta 测试是一种非常好的测试方法，它能够让真实用户在实际环境中测试你的产品。要确保能够从用户那里得到定性和定量的反馈，并且改变你能改变的。
7. **发布。**记得带一瓶香槟，这是传统。
8. **优化。**收集数据和其他研究（比如对比测试），确定什么有效、什么无效，这样你就可以对体验进行迭代式改进了。
9. **进化计划。**最后一步是为下一步做计划。每种体验都是产品和技术的更大蓝图的一部分，因此很重要的一点是，要在每个项目结束时进行展望，并且预测体验需要如何进化。很多营销人员发布产品时会有抱着这样的想法：看看它进展如何，如果它广受欢迎，再对它进行改善。相反，你应当为某款产品的三次额外迭代做好预算。测试，倾听，看一看什么有效以及什么无效，然后改进。

承诺与创新

你可能认为如果采用这个不熟悉的流程，品牌很难在这类产品和服务上获得成功。并不是这样。通往成功的道路其实很好走：你必须停止像广告主那样思考，而要开始像产品设计师和产品经理那样思考。如果你想在用户生活中占有很重要的分量，而且有充分的理由尝试这样做，那么你必须致力于创造他们会喜欢的东西。

这是一种什么样的承诺呢？

- **时间线**。时间线会更长。这并不意味着你要花很长时间进行升级和改变（众所周知，特斯拉在发布其产品的最初两年中曾七次修改其车载软件）。这意味着你应当细水长流地付出努力，而不是用力推进一次。
- **稳定的预算和流程**。较长的时间意味着为了保持或者改进体验，你需要更系统化的预算和持续的努力。
- **人员配备**。营销人员最大的不同之处可能在于接触外部人才的方式。传统上，代理公司依靠外部服务商或者自由撰稿人的专业技能来获得它们所缺乏的专业知识。例如，它们会与制作公司合作制作视频；与摄影师合作拍摄照片；与技术提供商合作，获得特定活动的解决方案。随着营销成为一种产品，这一切都变了。你需要连续性。为了建立一支敏捷、高效和一体化的团队，你必须在公司内部拥有相关领域的专业人才，至少在管理层是这样的。
- **组织**。从事核心产品开发工作的人员也与你通常在代理公司或者营销部门中看到的那些人员没有什么不同。以下是这些组织不同于传统组织的一些亮点。
  - **创意**。创意团队需要精通用户体验和交互设计。
  - **战略**。战略分析师需要整合用户研究。当企业仔细剖析竞争格局时，他们的作用更多的是对用户对品牌的需求形成感同身受的洞察。
  - **技术**。团队不只要挑选供应商，还要做更多的事情。它应当承担起领导责任，确保管理该产品的组织能够支持这个正在开发的平台。
  - **项目管理**。在塑造用户体验方面，团队发挥着积极作用。
- **信任与耐心**。营销人员习惯于启动一个项目，看一看它的效果，然后再做更多相同的项目。创新一开始不一定会成功，技术在发布时往往有漏洞，内容需要时间来逐步修正。这就是你需要制订长期的改善和升级计划的原因，也是你需要具有坚持你的想法并让它们发挥作用的坚韧性的原因。

- **以用户为中心**。从以用户为中心的设计到具备发现用户愿望和需求的改变的敏感性，你必须走在用户需求的前面。
- **营销**。有趣的是，你需要推广这些数字资产，就像推广产品和服务一样。对此，我们还会进行更多的探讨。

超越广告活动

在营销中，创新有可能发生在广告活动中，也可能发生在广告活动外。一些最棒的创新不一定是最炫酷的。每隔一段时间，你会发现一些具有持久性的东西或者某个创意可以反复使用。营销人员应当时刻关注这类创新，因为它们是最棒的创新。

我们在谈论什么？几年前，我们分析师的发现使我们能够在旅游网站上提供全新的定位广告服务。因为没有更好的名字，我们就称它为 WYAWYG① 优化。

我们的客户委托我们改善其数字资产的响应速度，其中包括从卖给用户额外的服务，到通过为用户定制资源来改善其体验等的方方面面。为此，我们尝试了一些做法，比如改变布局、文案和颜色等。我们还研究了忠诚度和地理位置这类数据。例如，如果你来自富裕地区，当你订机票时，我们就会为你提供四星级酒店的促销信息；如果你来自中产阶级，那么三星级酒店可能更合你的意。

然后，我们的分析师建议观察人们在什么地方预订以及他们要去什么地方。他们的这个想法从直觉上来看是合理的。

例如，假设有人预订了 12 月去美国佛罗里达州坦帕市的机票。12 月，坦帕是美国比较温暖的地方之一，海滩通常很迷人，而且价格相对便宜，这就使那里成了备受欢迎的旅行目的地。所以，如果来自较寒冷地区的人订了去那里的机票，那么他们很可能是去度假。你可以为他们提供海滨旅馆、钓鱼之旅等促销信息。

---

① WYAWYG 是“你在哪儿和你要去哪儿（Where You Are and Where You're Going）”的英文首字母的缩写。

> 我喜欢可以让你们尽力发挥的环境。我希望你时不时让自己难堪一下。我希望你们非常努力地尝试，哪怕失败。因为偶尔你会击出一个超群的全垒打。这就是我来这里的原因。
>
> 乔希·詹姆斯
>
> Domo 公司创始人和首席执行官

但是如果订票的人不是来自寒冷地区呢？假设他们来自位于得克萨斯州墨西哥湾沿岸的科珀斯克里斯蒂（Corpus Christi），那里的气候与坦帕类似。这些用户对海滩不感兴趣，他们要么是去拜访家人，要么是去参加业务会议，很可能是后者。你需要有另外一系列满足他们需求的选项。根据订票地点的冷热来确定促销内容后，你会看到每次的响应速度都会提高。

我们发现，WYAWYG 优化的理念在很多情况下都能发挥作用。如果你在搜索 500 英里以外的餐厅，那么你很可能要去那个地方。除了为你所寻找的东西提供广告之外，我们可能还会提供与旅行相关的服务的促销信息。我们发现，虽然我们对用户一无所知，但是我们能够合理地猜测出他们的意图。一段时间后，这能够改善我们的用户体验（我们也赚到更多钱）。

尽管 WYAWYG 优化这种方法并不令人激动，但它是一种非常棒的创新。原因如下。

- **它是可转移的**。它几乎适用于任何客户，尤其是从事旅游和接待工作的客户。尽管具体的触发因素不同，但 WYAWYG 优化方法几乎总能对该领域的品牌有所帮助。
- **它是可复制的**。WYAWYG 优化方法在各种背景中都能发挥作用。我们可以在不同品牌身上反复使用它，而且还会有类似的效果。
- **它能产生可衡量的改善**。WYAWYG 优化方法的收益高于成本付出。[①] 事实上，我们可以大致预测出品牌如果应用这种优化方法将增加多少销售。

① 这仅发生在达到某一点之前。我们发现，如果过于细化地使用这种方法，最终会导致收益减少。

- **它能推动长期的业务成功**。使用 WYAWYG 优化方法的旅行相关品牌都能够更好地服务其用户。它们的促销将更有效地瞄准用户，为用户提供他们感兴趣的东西，而不是对他们造成干扰。这有助于改善品牌关系和用户体验，同时促进收入增长。

步子不要迈太大

所有这些都说明，有了发明，你轻轻松松地就可以一骑绝尘，而人们却很难接受一种全新的范式。为了让发明发挥其作用，你需要围绕那些已经被理解的规范进行创新。苹果在这方面做得就很好。它通过发布一系列的产品，比如 iPod、iPhone 和 iPad，将用户导向它的界面理念，每一种产品都建立在其他产品的基础上，这样即使产品具有革命性，用户也能够很好地理解它们。

举一个反面的例子。赛格威 PT 两轮平衡代步车是过去 20 年来最受推崇的创新之一，发明者是迪恩·卡门（Dean Kamen）。赛格威 PT 发布时得到了广泛关注。著名风险资本家约翰·德尔（John Doerr）说它的影响力会比互联网还大，史蒂夫·乔布斯说它可能会比个人电脑更重要（据说，他后来说这个设计“糟透了”）。

然而，该产品很快就陷入了困境。除了乔布斯可能言中的事实之外（骑乘者看起来有点奇怪），赛格威还存在一个更大的问题：前无古人。它就这样出现了，作为一种运输自己的全新方式。它的名字甚至预示着一个全新的转变。但是根据定义，意味着现实世界还没有为它做好准备：没有支持它的基础设施，没有与它类似的东西，工作场所没有地方存放它，也没有公共充电站。

因此，没有人清楚地知道该拿它怎么办。我们可以从围绕交通工具建立的法律框架中明显地看到这个问题。在奥地利，法律上把赛格威定义为自行车；在丹麦和挪威，它属于助力车；在德国，你需要得到许可才能在人行道上骑乘；在荷兰，如果你有心脏病，你也只能在人行道上骑乘；在墨西哥，你可以在任何地方骑乘；在英国和澳大利亚的大部分地区，你只能在私人地产上骑乘。美国的规定真是再妙不过，每个镇都可以制定自己的规则，而且很多镇确实这样做了。在城市里，赛格威可能被允许上路，而在郊区则会被禁止上路。感谢美国的《残疾人法案》(*Disabilities Act*)，因为残疾人可以在任何地方使用赛格威，但也只能在人行道上。

当然，赛格威也没有彻底失败。人们最终找到了它的用途。例如，它对旅行团来说非常有用。执法部门和安保公司用得很多，以至于赛格威公司专门为它们打造了特殊型号。正如我们所写的那样，这家公司进入了机器人领域，将这项技术转化成了一个开发平台，特别是用于军事用途。最后，赛格威被证明是成功的。然而要做到这一点，它必须让一种极具创新性的产品应用于能够使它有意义的用途上。

创新只与技术有关吗

对大多数人来说，创新是什么？图 10-1 也许能够让我们有所了解，它详细比较了人们在过去 10 年中搜索“营销创新”“业务创新”和“技术创新”这三个词的情况。在 2006 年以前，你可以看到，人们对业务创新和技术创新的概念有很大的分歧。然而在过去 5 年中，两者已经完全重叠了。现在它们几乎步调一致。

这告诉我们一些有趣的事情：技术已经被视为企业的核心创新战略。这似乎是很自然的事情，毕竟我们如今看到的最大进步就发生在技术领域。但是，它远不是企业创新的唯一方式。例如，企业可以改善客户服务，更好地管理员工，采用有创造性的零售战略，简化（或者复杂化）供应链，拓展营销方式，类似的方法还有很多。技术创新本身并不是唯一的创新战略。

事实上，很多被认为是科技公司的公司在没有特别精通技术的情况下也获得了成功。美捷步公司（Zappos）就是最好的例子。我们认为它是具有创新性的网络先驱者，但在一开始，它的技术非常简单。所有者尼克·斯威姆（Nick Swinmurn）一开始只是在当地零售店为鞋子拍摄照片，然后把照片上传到网站上。如果有客户下订单，他就会去店里取回鞋子并发货。即便如此，这也不是什么高精尖技术。

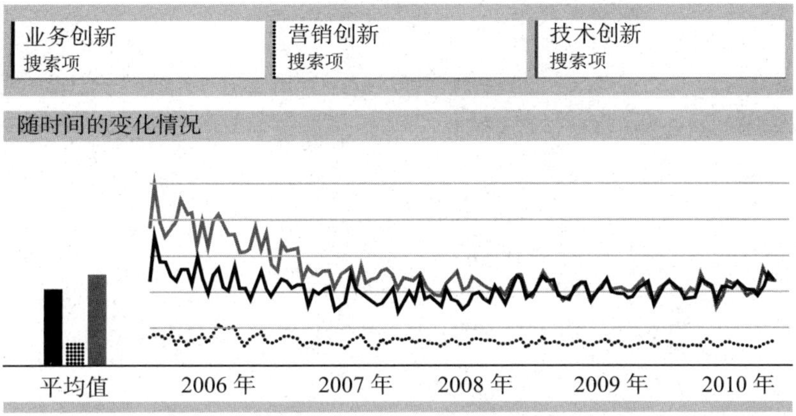

图 10-1　过去 10 年，搜索“营销创新”“业务创新”和“技术创新”三个词的情况

公司真正的创新在于客户服务。当时，人们认为在网上买鞋、买衣服的风险很大。他们无法试穿，如果不合适，退换货需要花费成本。美捷步（当时的名字是 Shoesite.com）进行了研究并且发现，人们对自己的鞋码相当了解，相对于其他服饰，鞋子被退货的可能性小得多。于是公司提供退货免邮费的服务，接下来的事情大家都知道了。美捷步发现了一种简单的创新，并利用它获得了巨大成功。①

我们不是说你不能用技术进行创新，而是说竞争是非常激烈的。正如 WPP 集团规划部门主管乔恩·斯蒂尔（Jon Steel）2013 年在一篇文章中所写的那样：“我们被技术的各种可能性所诱惑，被我们能做什么而不是应当做什么所引导。”你想做那些真正有用的事情，而不是那些很酷或者你能做的事情。

不要只关注技术，我们建议你总揽全局以获得优势。无论何时，我们都会告诉客户，他们提高投资回报率的最大机会可能不在数字渠道。相反，最好的一些机会在于将数字渠道和传统渠道整合起来。我们从来不认为新技术是一个坏主意，但我们通常建议要为服务其他创意而探索技术。

① 美捷步从很低的起点开始，成长为网上鞋业零售商的第一名。2009 年，亚马逊网站以 12 亿美元的价格收购了它。

对你有效吗

如今，每个人都在为创新奔走呼吁。“它有效吗”方法是用一个合理而直接的问题来解决问题。我们尝试做的所有事情都应当有利于营销，有利于我们达成商业目标。因此，你需要思考以下几个问题。

- 我们有专门用于营销创新的预算吗?
- 我们知道我们的创新计划会获得哪种成功吗？
- 我们的组织能接受失败吗?
- 我们能创造一个安全的创新空间吗?
- 我们是否在不断地规划着创新?
- 我们是否有管理风险的方法，或者我们是否把所有的鸡蛋都放在了一个篮子里?
- 一旦我们有了新想法，我们是否有确保它持续成功的过程?
- 我们是否能超越广告活动去寻找有效的创意?

思想领袖的观点

真正伟大的公司会密切关注用户正在如何使用它们的产品，并且根据这些信息确保下一个产品会更好。

安德鲁·康奈尔

华为技术有限公司西欧设备事业部首席营销官

我可能是个具有逆向思维习惯的人。我不认为你可以说“今天是创新的时代”。事实上……从某种意义上说，我们发现的和我们看到的是你做了某事，并且发现它是一种创新。我们通常不会从一开始就说“这是一种创新性的方法”。这很像是发现自己在做了不起的事情，而不是命令自己去做了不起的事情。

麦克格雷戈·阿甘

英特尔公司营销事务部总经理

我的个人观点是真正的管理力必须能够驱动创新，尤其是在大型组织中。遗憾的是，组织通常会放弃新创意或者倾向于做相同的事。创新需要学得更多、做得更多、尝试更多。

泰德·坎尼斯

福特汽车福特索罗尔斯公司首席执行官

当我思考创新时，我总会想到橄榄球中的西海岸式进攻。那是一个体系。相对于其他进攻体系，任何想运行这个体系的球队都需要引进一些具有不同技能组合的球员。我们称这些球员为独角兽。为了让他们获得成功，并且推动真正的创新，我们必须有一个体系，它应当对我们做出的每一个决定起指导作用，并渗透进我们创造的每一条代码、每一张插图、每一段广告文字和每一个数据点。当有了操作这个体系的适当技能和恰当的目标时，这个体系一定会带来创新。

麦克·里德

POSSIBLE 公司品牌战略与洞察部门高级副总裁

创新的美好之处在于从失败中找到解决方案。只要你不断前进，你就会从你做得好和做得不好的的事情中有所收获。你需要明白自己为什么失败了，然后避免在未来犯相同的错误。

吉多·罗萨莱斯

可口可乐公司欧洲集团整合营销负责人

当你冒险时，你需要了解风险，需要了解你所做之事的背后一定存在某个假设。只有这样做，你才能从中有所收获。

马克·里德

WPP 集团 Digital 公司首席执行官

创新是一种文化与运营上的承诺，目的是建立具有可塑性和实用性的“防护栏”，以鼓励创造性的探索。创新的感知、过程和定义肯定不同，但建立“防护栏”的承诺创造了一个框架，在这个框架中，创新会成为实践。

托马斯·斯泰尔特

POSSIBLE 美洲公司新兴解决方案部门副总裁

当你进行大量创新时，25% 的平均成功率已经非常好了。创新者必须愿意承担风险，愿意尝试可能不会成功的事情。如果你尝试了十件事情，到最后你会发现只有两三件事情是成功的。而这已经是非常好的成功率了。

德纳·科斯韦尔

美国电话电报公司目标营销与客户生命周期管理部门执行董事

如果你有一个小团队，毫无限制地为团队成员指明一个机会或者一个需要解决的问题，我想他们更有可能会提出一些有趣的想法。

萨姆·德尔克

Clearhead 公司主席、企业家、投资人

随着移动设备的出现，如今发生的很多事情都是具有创新性的，因为它们以前从未发生过。正在发生的很多事情没有脚本，尤其是当涉及应用程序时。

布兰特·西格尔克

Urban Airship 公司首席营销官

创新最重要的构成要素就是心态，乐于接受颠覆的心态。宣称希望有所创新很容易，但是创造出有利于真正创新发生的条件则是另一回事。为了接受新的解决方案，这就需要我们需要暂不考虑现状以及组织依赖于现状的所有方式……为了达到平衡的开放心态，我们需要明白为了创新而创新是一个毫无意义的干扰项。我们不应当只从新颖的程度来评判创新，而应当根据它以一种新的、更好的、必要的方式来解决问题的角度来评判创新。我们应当根据它的内在价值，而不只是它的相对新颖性来进行评判。

杰森·布拉什（Jason Brush）

POSSIBLE 公司首席创意官

想法往往在会议室中产生并消亡，从来没有被测试的机会。真正的创新需要在现实世界中进行尝试。经常尝试，从成功中学习，更重要的是从失败中学习。

本·鲁本斯坦

POSSIBLE 移动公司总裁

11 将“它有效吗”方法付诸实践

CONCLUSION AND NEXT STEPS

我们在本书开篇讨论了广告史上获奖最多的广告片《蠢蠢的死法》。在很多人看来，我们的批评看起来像吃不着葡萄说葡萄酸，但是我们认为它凸显了我们这个行业所面临的一个重要挑战：从仅仅庆祝我们制作出了非常喜欢的作品转向欣然接受能够产生影响的伟大作品。

在我们这个行业，每年，广告作品都会争夺所谓的“实效”奖。在大多数情况下，成功的标准是自己设定的。没有人对这些标准提出质疑，也没有人进行调查。无怪乎在 2014 年，《蠢蠢的死法》在这些竞赛中一路过关斩将。它赢得了亚洲实效营销节（Asian Marketing Effectiveness Awards）的四项金奖，并于 2014 年 6 月 17 日在戛纳再次获奖。

在获奖名单公布的前几天，一个 17 岁男孩和他的弟弟及几个朋友强行扒上一辆火车的后车厢。为了炫耀，他把头伸出窗外，撞上了一根信号杆，后来在附近一家医院中去世。获奖名单宣布前一天举行的追悼仪式令人心碎。

几周后，墨尔本一位很受欢迎的街头艺术家辛驰（Sinch）脱光衣服，爬到了一列地铁列车的车顶，显然这是一个噱头。当惊恐的路人看到他时，辛驰不小心碰到了一些连接列车与头顶电线的设备。他立即发生了抽搐，倒地而亡。

墨尔本的事情还没有结束。在辛驰死后的一周，一个制作巧妙的视频出现在网络上。视频表现的是一个所谓的“蜘蛛人”团体正在表演特技，其中包括在地铁列车的外面跳上跳下。这个视频已经在 YouTube 上获得了 12 万多的点击量，并且获得了数千个赞。在这一切发生后，一名官员呼吁增加对这类行为的处罚。他显然不知道《蠢蠢的死法》，因为他仍在呼吁用公益广告宣传。

像大多数公共交通系统一样，地铁对普通乘客来说是非常安全的。但是墨尔本的青少年常常会做出与火车有关的鲁莽行为，这是很多人都知道的事实。警察每年会因为火车冲浪、攀爬火车车钩等违法行为逮捕 100 多人。攀爬火车车钩是墨尔本当地的一项发明，就是紧紧抓住正在行驶的火车的尾部。

《蠢蠢的死法》似乎并不能阻止这种愚蠢的行为。事实上，攀爬火车车钩变得非常流行，甚至有人将其称为一种时尚。所以让我们诚实地面对自己吧。内容精彩的视频、歌曲和应用程序可能并没有什么用。没关系，不是所有的东西都有用。但是，我们不应当称颂它们的有效性，而应当思考它们的影响为何如此有限。我们可以问一问墨尔本的年轻人对这些内容的看法。

如果我们想作为一个行业被严肃地对待，我们就必须停止问我们自己喜欢什么，而要开始关注什么内容是既精彩又有效的。在启动广告活动前，我们必须清楚我们的目标。我们必须事先定义成功，必须衡量正确的事情，坦诚地面对结果，即使结果并不是我们想要的那个。我们必须从错误中学习（是的，我们都会犯错），努力为品牌、年轻人或者那些我们试图影响的人带来有意义的改变。

这些影响有时可能是几个百分点的收入、增加了与购买有关的行为，或者提高了品牌认知度。更难得的是，我们将被召唤去挽救生命。当这种情况发生时，我们必须拥有改变相关指标的工具和思维方式。我们必须关注什么是真正有效的。

不要错失要点

即便如此，你也可能在使用“它有效吗”方法时犯下大错。在写完这本书前不久，我们开了一次会，想为这本书起个书名。在听了我们对《蠢蠢的死法》的分析之后，一位与会者建议书名叫《你的营销有效吗：广告都是垃圾》。她似乎认为“它有效吗”是反对广告、反对戛纳、反对其他一切的，可以让人感觉我们比整个行业高一等。她完全没有抓住要点。

我们精心选择了《蠢蠢的死法》。它是一则有着不寻常目标的、奇怪的广告。它只字未提整个行业，也没有涉及戛纳广告节和其他奖项。事实上，我们的研究表明，戛纳的评奖委员会非常擅长发现有效的项目。他们可能并不总是能选出最好的广告，但这没关系。只根据表现来奖励广告活动是一项非常无趣的任务。批评那些把荣誉给予《蠢蠢的死法》的人未免要求太高了。视频来自一家优秀的公司，有着良好的初衷，并且吸引了大量的观众。如果创作它的目的是强化某个品牌，那么它非常成功。遗憾的是，它有一套不同的成功标准，而“它有效吗”方法要求我们诚实。

数据不应当被作为一种打击别人或者推翻人们普遍持有的假定的方式。相反，“它有效吗”方法承认数据有助于我们的行业比以往更好地理解其活动的影响。它还有助于我们避免犯某些错误，识别真正的机会。它使我们能够认识到成功，并从失败中有所收获。它帮助我们增长知识，并不能取代我们的直觉。

对于营销人员来说，我们生活在非凡的时代。如今，消费者想要从我们这里得到更多，他们希望我们提供信息和娱乐，也希望与我们分享他们的价值观和抱负。他们希望我们帮助他们改变观念，并支持他们改变世界。像多芬（Dove）的“真正的美”这样的广告活动正在使女性感受到美丽，即使她们看起来并不像杂志的封面女郎。耐克的广告“发现你的伟大”赞美了那些决心致力于健康新生活的普通人。像可口可乐这样的品牌正用自动售货机这样的绝妙创意将人们汇聚在一起，它令朋友们为了得到饮料而进行合作。当营销想要做出积极的改变时，它就变成了我们都想做的事情。

“它有效吗”方法赞成这种改变。它是同伴，是帮手，是一种成长和学会更有效地做事的途径。如果品牌想完成重要的工作，它们应当做好这一点。如今，太多人认为数据具有限制性，或者在对我们说我们不想听的事情。只有当有才智、有创造力的人提出好问题时，数据才是有用的。只有当数据在推动事情向前发展，使我们变得更好，使我们的消费者更快乐时，它才是有价值的。数据不应当服务于那些愤世嫉俗者或者看不起他人的人，它应当服务于乐观的、乐于助人的人，应当服务于那些关注如何让事情变得更好的人。

对创意的承诺

正如我们在一开始时所说的那样，“它有效吗”方法对创意人员来说是一种战略。它的目的是利用新工具和新能力确保组织产生尽可能好的创意。尽管很多法则似乎与此无关，但实际上并没有。它们以不同的方式服务于终极目标，那就是让我们在主要任务上做得更好。让我们回顾一下每条法则是如何做到这一点的。

- **商业目标就是一切**。没有目标，你就无法知道你的创意试图改变什么指标。你不是在做广告，而只是在创造内容。作为营销人员，我们的责任不只是娱乐大家，还必须有目的地娱乐。商业目标为我们引路。
- **共同的愿景**。今天，伟大的创意可能来自任何地方：项目管理、用户体验、文案撰写人，甚至是公司的新前台。通过让每个人都理解目标并为之共同努力，我们可以打破竖井思维，获得更水平化的环境，从而释放组织的真正潜力。
- **数据激发创意**。在数据的帮助下，创意可以变得更好。限制条件是数据必须被转化成清晰的洞见，这些洞见能激励数据更有效地发挥作用。
- **寻找独角兽**。独角兽让一切变得更好。无论是创意人员本身还是优秀创意的啦啦队队长，他们会让事情保持积极的状态，并让对话保持顺畅。
- **文化能够预测成败**。文化还能预测你所处的环境是有利于创造力的发挥，还是把人们禁锢起来，让他们不敢抓住机会。良好的文化鼓励分享信息，倾听每个创意，然后选择最好的创意，无论它来自哪里。
- **衡量重要的事情**。衡量关乎诚实，关乎认清什么是有效的、什么是无效的。如果我们衡量出了重要的事情，我们就会知道我们的创意是否产生了我们想要的效果。那些绝妙的创意是否真的像我们认为的那样绝妙？通过正确的衡量，我们能够获得认识并进行改善。
- **做值得做的事**。数字营销人员的工作就是帮助企业赚钱。我们需要将所有的创意能量聚焦于最重要的事情。这要求我们使用相对价值模型来搞清楚应当在哪里投入精力，即使我们无法确定会产生什么具体影响。

- **不断迭代，不断改进**。你不必再因为担心大胆的创意没有效果而把它们扔进垃圾桶。相反，你可以测试某个创意的多个版本，坚持使用胜出的那个创意。此外，你可以不断地改进某个创意，把它变得更好。
- **一码无法适合所有人**。定位特定群体需要不同种类的创意：提出关于数据的适当问题。不久，每个创意都将会包含对受众的创造性理解。
- **创新的框架**。这条法则很简单。你需要创造出一个框架，在这个框架中，聪明人能够提出有创意的想法，并帮助他们成长。

执行“它有效吗”方法

写一本书描绘某种商业战略抽象的战略并坚称人人都应当盲目地遵循这些法则很容易，可这是一个错误。将组织从目前的状态转变为全面接纳“它有效吗”方法是一项艰巨的任务。这是你正在做的事情，却永远无法完成。

至少有一些好消息：你不必立刻做所有事。你可能发现实现某些方面比其他方面容易些（或者更符合逻辑）。你可能不会在今天或者很长一段时间内为所有的社交活动建立相对价值模型。第二年，你可能连一个独角兽都找不到，或者其实你有聘用其他类型员工的预算。但是，你可以用有意义的指标来支持你的目标，你可以与集体愿景保持一致，你可以对资源做出调整，以便在发布后进行优化。

最后，让我们看一看你应当如何执行这些法则以及以什么顺序执行。毕竟，我们应当记住“它有效吗”方法是一种哲学，而不是一个蓝图。决定要走多远的人是你。

商业目标就是一切

商业目标是不能讨价还价的。如果你没有目标以及支持目标的标准，你就无从知道自己是成功了还是失败了。就这么简单。

这就是说，一开始你可以慢慢来。尽管有些企业有目标（如今大多数企业都有目标），但是它们可能没有标准来支持目标。这可能是你的第一步。接下来，你可以给某些项目设定目标，利用结果进行学习和成长。好消息是目标既有趣又容易。重要的是开始设定目标。问问你自己："这项活动的'它有效吗'标准是什么？"

共同的愿景

接下来是要达成共识。如果没人知道目标是什么或者不知道为什么要努力实现目标，那么目标就一点儿用都没有。你当然需要让员工和代理公司对明确的目标达成共识来共同创造影响。

协调一致有助于解决"竖井"问题，但这是一项更重大的任务。它不仅需要理解共同目标，还需要理解共享接触点。为此，你需要创建接触点地图，并且不断地进行自我检查。

数据激发创意

如今，很少有组织用数据激发创意，这真是一个耻辱。只要数据仍然是一种评价工具，创意人员就不太可能接受它。在搞清楚数据如何能够帮助他们之前，他们需要看到数据在发挥作用。

我们建议从小处着手。挑选几个能将数据和创意结合起来的项目。取得经验和成功，然后慢慢将它推广到你组织的其他部分。

发现独角兽

发现独角兽是一个缓慢且持久的过程。大多数公司不会一夜之间解雇它的员工，尽管少数糟糕的企业做出过类似的事情。即便如此，你也应当尽快开始构建数字劳动力，培养新的人才，并且在获取人才和留住人才方面始终以数字化为优先考虑事项。随着新员工的加入，你可以慢慢建立起一支独角兽团队。

文化能够预测成败

为独角兽提供适合他们的工作环境非常重要。这意味着要努力营造一种低调、平等的氛围，培养成就感。独角兽们喜欢不同的挑战，你需要保证他们有学习和成长的机会和方法。

你还需要给所有的员工一种成就感，让他们感受到自己做出了有影响的事情。随着你更多地执行“它有效吗”方法，这些感觉都会自然而然地产生。数据驱动的衡量和测试以及改进数字资产的流程将使你清楚地知道什么是有效的以及一段时间后产生了什么样的结果。

衡量重要的事情

组织需要用多长时间才能摆脱点击率和转化率这样的指标，开始聚焦于驱动业务的真实指标呢？这要视情况而定。衡量重要的事情既需要组织的规章制度，也需要专业技能。

首先，你必须找到有创造力的数据人员，他们知道如何超越普遍的衡量标准并知道什么在驱动业务。你还必须让你的创意人员习惯他们将被衡量的事实，并让每个人都认识到并非所有事情都会进展顺利。重要的是从错误中学习，不断向着目标前进。

做值得做的事

我们第一次提到相对价值模型背后的核心概念是在 2007 年出版的《可行性网站分析》一书中。当为了准备写这本书而回顾那本书时，我们意识到了一些事情：当时没有人这样做，现在也几乎没有人这样做。

相对价值建模很难。并不是因为很难建模，而是因为它直接关系到大多数组织的运作方式。这要求你认同一种方法来理解什么事情是有价值的。很多这类活动很难用价格表示，而且怀疑者可以用大量的武器来支持他们钟爱的项目。

即便如此，我们也不能夸大建模方法的好处。知道什么有效、什么无效可以释放一些资源，将它们用于确实有效或者可能有效的活动。相对价值建模给你提供了这样的洞察。它使组织在思考它的选择和活动时能够实事求是，保持冷静不会感情用事。而且我们已经看到，简单的建模活动为品牌节省了大量时间、金钱和精力。

有时为生活中比较困难的事情付出是值得的。

不断迭代，不断改进

优化在理论上是很容易的。你只需要拨出改善数字资产的项目资金，获得一种测试工具并进行测试，然后就完成了。

问题在于，最初进行优化的品牌得到了巨大的提升。这很好，因为它可以让组织中的其他人相信组织计划的价值。遗憾的是，它也会设定过高的期望。虽然你会一直看到好处，但是一开始取得的成果往往是容易取得的成果。在那之后，你的成果会很有意义，却不那么激动人心了。人们的热情也会逐渐消退。

这是一个错误。你需要将优化作为一种既定的实践，并一直进行下去。随着数字化颠覆的持续，新的机会将层出不穷，它们将需要你提升优化能力。随着现有数字资产稳定、持续的改进，你不仅会在财务方面受益，而且还能更加深入地了解什么对你的客户有效。

一码无法适合所有人

关于“一码无法适合所有人”的法则，好消息是它可以从你的优化计划中自然而然地产生。一旦你为网页要素设定了测试程序，那么为不同受众测试不同的版本并没有很大差别。

就像“它有效吗”方法中的任何法则一样，“一码无法适合所有人”的法则也适用于发现你所需要的聪明人以及创建能够接受所学到的东西的组织。如果你想获得更大的成果，就必须提出有创意性的问题。

很多公司在用户定向上缩手缩脚，因为它们觉得自己没有足够复杂精细的营销数据。请记住，市场细分可以与任何事情相关。即使是最简单的用户定位，比如根据用户是否访问过网站来改变用户体验，也能产生显著的效果。

创新的框架

你的组织很可能正在努力创新。秘诀在于要将“它有效吗”法则运用到创新实践中。换句话说，就是要摒弃为了创新而进行创新的理念。相反，你应当开发具有明确目标的实践以及评估成功的方法。你还需要确保任何的创新努力都会支持你的企业正在尝试实现的目标。

这通常并不像听起来那么简单。市场中充斥着各种相互竞争的创新理论，这些理论可能比我们提出的实用方法看起来更吸引人。如果你的组织正致力于执行“它有效吗”法则，那么创新自然而然地会支持目标。

“它有效吗”的世界

如今，我们有一个真正的机会去了解数字营销的效果。不，做到这一点并不容易。有些衡量很难实施，有些衡量是不确定的或者是相对的。很多衡量会告诉我们那些我们不想听到的事情。但是，如果我们愿意接受它们，这些衡量将可以帮助我们理解我们正在做的事情以及我们正在实现的目标。它们能够支持大胆的指令和有远见的想法，能够把营销带出迷信直觉和大师的世界，带入一个我们知道自己在做什么并能够产生真正有效的创意的世界。

对有些人和有些组织来说，“它有效吗”方法不容易被接受。但是，如果你想让世界变得更有创意，我们希望这 10 条法则能够指引你前进的方向，并提供你所需的论据和支持。那里存在一个数据世界，它可以让好的创意变得更好，让伟大的创意尽可能有效。

我们必须做的就是开始问：它有效吗？

DOES IT WORK?
10 Principles for Delivering True
Business Value in Digital Marketing

译者后记

《如何营销才有效》这本书的两位作者是 POSSIBLE 公司美洲区总裁杰森·伯比和全球首席执行官谢恩·艾奇逊。它体现了 POSSIBLE 公司的思想体系。

POSSIBLE 公司是一家世界领先的创意公司，为客户提供睿智非凡和行之有效的数字营销解决方案。POSSIBLE 公司关注结果，为客户在各个渠道和平台上制作出屡获殊荣的创意作品。这使他们的客户和客户之间的关系变得更有意义、更有互利性，而且这种关系是可量化的互动关系。POSSIBLE 公司在亚洲、中东、欧洲和北美设有超过 23 个办事处，有 1200 多位数字营销专家。它的客户包括耐克、匡威、微软、宝洁、可口可乐、思爱普、喜达屋酒店、马自达、佳能、美高梅、尊尼获加、渣打银行、道康宁等公司。

《如何营销才有效》带给读者 10 条能够获得有效创意、达成商业成果的法则。这些法则涉及企业文化、衡量绩效、富有创造力地运用数据等方面。书中使用了最新的事例，语言轻松幽默，帮助营销公司和品牌公司获得更好的成果。

“它有效吗”是企业在从事每一项数字营销工作时都应当提出的问题。在这本书中，伯比和艾奇逊将 POSSIBLE 公司的洞见提炼成简洁的观点，探讨了不断变化的数字营销世界以及如何应对这样的世界。这本书得到了很多成功商业人士和数字化精英的大力推荐和赞美，YouTube 首席营销官丹妮尔·蒂特说：“谢恩和杰森分享的 10 条法则确实有助于营销人员把精力聚焦于能够推动业务前进的地方。”

感谢崔楠、范彬彬、郭晓岩、何彦科、曹健涛、徐雨辰、赵丹和焦莹，他们在翻译这本书的过程中给予了我很多支持与协助。

Shane Atchison & Jason Burby

Does it Work? : 10 Principles for Delivering True Business Value in Digital Marketing

ISBN: 978-0-07-184786-5

北京阅想时代文化发展有限责任公司为中国人民大学出版社有限公司下属的商业新知事业部，致力于经管类优秀出版物（外版书为主）的策划及出版，主要涉及经济管理、金融、投资理财、心理学、成功励志、生活等出版领域，下设“阅想•商业”“阅想•财富”“阅想•新知”“阅想•心理”“阅想•生活”以及“阅想•人文”等多条产品线。致力于为国内商业人士提供涵盖先进、前沿的管理理念和思想的专业类图书和趋势类图书，同时也为满足商业人士的内心诉求，打造一系列提倡心理和生活健康的心理学图书和生活管理类图书。

《零售无界：新零售革命的未来》

- 零售业全球五大影响力人物之一、零售未来学家、“零售先知”道格·斯蒂芬斯提出的后电商时代新零售世界生存指南。
- 个性化和顾客参与才是新零售生态系统的命脉。本书为实体零售商们敲响了警钟，同时也为它们提供了在新零售世界转换角色的思路——打破一切边界，创造“门店即媒体”“媒体即门店”的生态环境。

《热搜：搜索排名营销大揭秘》

- 深度揭秘零成本搜索营销背后的运作规律，以最低的成本、最快的速度获得海量的曝光和点击量，迅速登上热搜榜，实现指数级的销售转化率。
- 搜索营销专家肖恩·布拉德利倾囊相授多年成功的搜索营销实战经验，手把手教你从网站、视频和社交媒体等各方面免费优化自己的商品和服务，充分利用各种免费或付费策略提升排名，有效触达消费者。

《敏捷销售：从菜鸟到顶级销售的精进训练》

- 18 项获取销售信息的关键须知，18 项关键必备的销售技巧，销售人士的 18 个成功习惯。
- 美国新一代销售大师直击销售痛点，快速、精准、专业地为销售人员把脉，手把手教你迅速提升销售力，助你成为新一代销售大师。